📖🔍 特長と使い方

◆ 15 時間の集中学習で入試を攻略！

1時間で2ページずつ取り組み，計15時間(15回)で高校入試直前の実力強化ができます。強化したい分野を，15時間の集中学習でスピード攻略できるように入試頻出問題を選んでまとめました。

★重要

入試によく出題される問題です。

差がつく

間違えやすい問題です。正解することで，まわりと差をつけることができます。

入試攻略 Points

入試に向けて押さえておきたいポイントを学びます。
解答編に解説も掲載されています。

◆「総仕上げテスト」で入試の実戦力 UP！

総合的な問題や，思考力が必要な問題を取り上げたテストです。15時間で身につけた力を試しましょう。

◆ 巻末付録「最重点 暗記カード」つき！

入試直前のチェックにも使える，持ち運びに便利な暗記カードです。理解しておきたい最重要事項を選びました。

◆ 解き方がよくわかる別冊「解答・解説」！

親切な解説を盛り込んだ，答え合わせがしやすい別冊の解答・解説です。間違えやすいところに

⚠ここに注意 ，入試対策の解説に 📖 入試攻略 Points といったコーナーを設けています。

📖✏ 目次と学習記録表

◆ 下の表に学習日と得点を記録して，自分自身の実力を見極めましょう。

◆ 1回だけでなく，復習のために2回取り組むことが，実力を強化するうえで効果的です。

💻 本書に関する最新情報は，小社ホームページにある**本書の「サポート情報」**をご覧ください。(開設していない場合もございます。)
なお，この本の内容についての責任は小社にあり，内容に関するご質問は直接小社におよせください。

 **出題傾向**

 JN084412

◆ 「英語」の出題割合と傾向

〈 「英語」の出題割合 〉

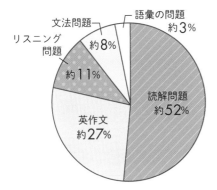

語彙の問題 約3%
文法問題 約8%
リスニング問題 約11%
英作文 約27%
読解問題 約52%

〈 「英語」の出題傾向 〉

- 問題の半数は読解問題で，長い対話文や物語，身近な話題を題材として，内容把握力や表現力が試される。
- 文法問題では，語形変化や空欄補充，同意文の書き換えなど，総合問題の中で出題されることが多い。
- 語彙問題は，読解問題の一部として出題され，文脈を読み取る力が試される。また，単語の定義や類推などの問題が比較的多く出題されている。

◆ 「読解問題」「英作文」「リスニング問題」の出題傾向

- 読解問題では，語句や文の補充・選択，日本語での記述，空欄に合う適文の補充・選択などが出題され，最新の流れや話題を取り入れた問題も多い。
- 英作文では，語句の整序や条件英作文，自由英作文，語句の補充・選択問題などが出題される。新学習指導要領にある，初歩的な英語で自分の考えを書く表現力が求められる。
- リスニングでは，対話や英文を聞いて内容の要約を聞き取る問題や，絵やグラフを選ぶ問題，対話を聞いて内容を理解する力やディクテーションの力が試される。

🏅 合格への対策

◆ 読解問題

英文を速く正確に理解する力や文脈を読み取る力が試されます。最近の流行や話題を取り入れた文章に慣れるよう，ニュースなどでチェックしておこう。

◆ 英作文

設問に対する意見の多様性よりも，初歩的な英語を用いて自分の意見を読み手にわかりやすく，正確かつ的確に表現する力が求められます。

◆ リスニング問題

複数の絵やグラフから，内容に合ったものを選ぶ問題が多く出題されます。日常的な場面・状況で使用される慣用的な表現が問われることも多いので，教科書の対話表現を確認しておこう。

◆ 文法問題

不定詞や現在完了，現在分詞・過去分詞に関するものが多い。比較や接続詞も要注意しよう。

◆ 語彙の問題

単数・複数，同意語・反意語，比較変化，動詞の変形などが多く出題されます。教科書の基本表現を覚えたり，動詞の活用などをもう一度見直したりしておこう。

入試重要度 **A** B C

メダカの変身

時間 **30**分
合格点 **80**点
得点　　　点

解答 ➡ 別冊 pp.1 ～ 2

1 次の英文を読んで，あとの問いに答えなさい。　　　〔山口―改〕

Makoto has a little sister Emi.　One day, their father Yukio took them to Mr.Tanaka's house.

Emi saw a glass tank there.　Some small fish were swimming in the water.　She watched them for some time and asked Mr. Tanaka, "What are these fish?　They're almost white."
　ア

Makoto said, "They're *medaka*, right?　＿＿(A)＿＿." "You're right, Makoto." Mr. Tanaka said to him.　Emi was surprised and asked, "Are they really *medaka*?　Our *medaka* aren't white." Their father didn't say anything then.

When the family got home, Emi didn't come into the house.　She just watched their *medaka* in a dark blue bowl in the garden for a long time.　The *medaka* were dark gray.

Yukio said to Makoto, "Emi is watching them out of curiosity.　Curiosity is important when we learn something.　Our *medaka* and Mr. Tanaka's look different.　She just wants to understand why."　イ

Makoto didn't know the answer, but he wanted to help his sister.　Yukio pointed at his bookshelf and said, (B)"Find the answer with Emi.　You can use them." There were many books about fish.

As soon as Makoto and Emi finished lunch, they began to read Yukio's books.　ウ
They found a few books about *medaka*.　Makoto read one of them and shouted, "*Medaka* change their colors!" Yukio came into the room then.

"Change their colors?" Emi asked Makoto.　He said, "Yes.　They do so with their surroundings.　Do you remember the color of the sand in Mr. Tanaka's glass tank?　It was white.　The wall by the tank was also white.　So his *medaka* became almost white.　Our bowl is dark blue and the sand in it is dark gray.　So our *medaka* have a dark color."

　エ　"When *medaka* change their colors, their enemies, for example, birds, can't see them well from the sky." Emi smiled and said, "I understand now." Yukio was glad to hear Emi's words.

Makoto said, "I want to know other things about *medaka*.　Also, I want to learn a lot about other fish, birds and animals." Emi agreed.　Yukio said to Makoto, "You know what you should do now." Makoto said, "Yes, I know.　Emi, let's go." "Where are we going?" she asked. Makoto answered, "To the library."

words glass tank　ガラスの水そう　　bowl　水ばち　　curiosity　好奇心
pointed at ～　～を指さした　　bookshelf　本棚　　as soon as ～　～するとすぐに
surroundings　環境　　sand　砂　　enemies　敵

□(1) [適文選択] (A)に入る最も適当なものを，次の**ア〜エ**から選び，記号で答えなさい。(20点)

（　　　）

ア I asked Emi last week　　**イ** These aren't real fish, Father
ウ We have the same fish　　**エ** Emi said nothing about colors

□(2) [適語記入] 下線部(B)について，このとき父親が言いたかったことを，下のように書き表すとすれば，（　）にどのような英語が入るか。英語1語で答えなさい。ただし，（　）内に与えられた文字で書き始めなさい。(20点)　　（　　　）
By reading his books, Makoto and Emi can find the answer without his (h　　　　).

□(3) [脱文補充] 次の文が入る最も適当な箇所を，本文中の　**ア**　〜　**エ**　から選び，記号で答えなさい。(10点)　　（　　　）
Makoto explained more about it to his sister.

□(4) [内容真偽] 本文の内容に合うものを，次の**ア〜エ**から1つ選び，記号で答えなさい。(10点)

（　　　）

ア Emi said that she also had *medaka* in a glass tank in her room.
イ Emi watched *medaka* in the garden for a long time out of curiosity.
ウ Mr. Tanaka's *medaka* changed their colors because they saw their enemies.
エ Makoto studied about fish, birds and animals with Emi before lunch.

□(5) [適語記入] 次の文は，本文を要約したものである。本文の内容に合うように，次の下線部①〜④に入る適当な英語を，1語ずつ答えなさい。ただし（　）内に与えられた文字で書き始めなさい。(10点×4)

　　One day, Makoto, Emi and their father Yukio ①(v　　　　) Mr. Tanaka. He had *medaka* in his house. Emi was ②(s　　　　) because her *medaka* and Mr. Tanaka's had different colors.

　　Yukio wanted his two ③(c　　　　) to know why. They went to Yukio's bookshelf and found a few books about *medaka*.

　　When Makoto and Emi got the answer, they became interested in many things. Makoto knew ④(w　　　　) to do then. He said that they should go to the library.

①＿＿＿＿＿　②＿＿＿＿＿　③＿＿＿＿＿　④＿＿＿＿＿

入試攻略Points
（解答→別冊 p.2）

◆日本文に合う英文になるように，（　　　）内に適当な語を入れなさい。
(1) 私は今，英語の勉強をしています。　　I（　　　）（　　　）English now.
(2) トムはその時，テレビを見ていました。　Tom（　　　）（　　　）TV then.

入試重要度　A **B** C

あきらめない気持ち

時　間 **30**分
合格点 **80**点
解答 ➡ 別冊 pp.2 ～ 3

得点

点

1 次の英文を読んで，あとの問いに答えなさい。　〔鹿児島一改〕

　Sam was nine years old. He liked baseball, but couldn't play well and it was very difficult for him to hit the ball. Sam's best friend was Bob. He was as old as Sam and lived next to Sam's family. He played baseball well. He often taught Sam how to hit the ball. They practiced for many days, but Sam still couldn't hit it.

　One day Sam said to Bob, "I don't want to practice. I have practiced a lot, but I still can't do it." Bob wanted Sam to hit the ball, so he told Sam they should practice together more. But Sam didn't listen to him and he went home that day. ┌──①──┐

　The two boys didn't practice for many days and also didn't talk about baseball. But Sam liked baseball. One evening he read a book about his favorite baseball player. His name was Chris. Sam knew that Chris practiced the most in his team. "Such a famous player practices every day," he said to himself. The book (　**A**　) Sam. He stood up and went out of his house. He began to swing his bat.

　At that time Bob was in his room. When he looked out of the window, he saw Sam. He was swinging his bat many times in front of the house. Bob opened the window and said, "Sam! Let's go and try to hit the ball!" Sam didn't answer soon, but said, "Yes," with a smile. They went out to the park near their house. It was not dark in the park because there were some lights. They began to practice. Bob threw the ball and Sam tried to hit it. They did this many times, but still Sam couldn't hit it. They didn't stop. Bob said to Sam, "We'll try again and you are going to hit this ball. Don't give up, Sam." Bob threw the ball, and then something exciting happened. The ball (　**B**　) over his head. Sam hit it! They were very happy and began to cry.

　Sam came home and told his mother ②what happened. His mother always watched him. She hoped that he could hit the ball. She said to him, "I'm glad to hear that. You have worked hard." That night Sam slept with a smile on his face.

　Seven years later, Sam became a high school student. He was a member of the baseball team of his school. He couldn't play well, but he practiced hard and always tried to do his best.

　Now he is thirty years old and takes care of a children's baseball team on Sunday as a volunteer. He feels happy every Sunday and he has a good time when he teaches the children baseball. Some of them can play well, but some cannot. On the team, there is a boy who can't catch the ball. He practices hard, but it is very difficult for him to catch it. Sam always says to him, "Don't give up! If you practice very hard, you can catch the ball."

words　said to himself　ひとりごとを言った　　swing his bat　バットを振る　　light(s)　明かり
　　give up　あきらめる　　happened　起こった　　～ later　～後

□(1) [絵整序] 次の **a** 〜 **c** の絵は本文のある場面を表している。話の展開に従って並べかえ，記号で答えなさい。(30点) 　　(　　　)→(　　　)→(　　　)

□(2) [適文選択] ① に入る最も適当なものを，下の**ア**〜**エ**の中から1つ選び，記号で答えなさい。(10点) 　　(　　　)

　　ア Bob felt sad. 　　**イ** Bob felt happy.
　　ウ Bob was right. 　　**エ** Bob was interested.

□(3) [適語記入] (**A**)，(**B**)にあてはまる最も適当な語を，次の4語の中からそれぞれ1つ選び，正しい形に変えて書きなさい。(10点×2)

become 　 change 　 fly 　 run	A _____ 　 B _____

□(4) [内容説明] 下線部②の内容を具体的に25文字程度の日本語で書きなさい。(10点)

				5					10					15
				20					25					30

□(5) [適語記入] 次は，Sam が野球チームの子どもたちに，自分のことを語ったときの言葉である。(**a**)〜(**c**)に入る最も適当な英語をそれぞれ1語書きなさい。(10点×3)

　　When I was a child, I liked baseball, but I couldn't hit the ball. My best friend, Bob, helped me. We practiced many times, but I still couldn't hit it. So, I (**a**) practicing. One day I read a book written about a baseball player I (**b**) very much. The book taught me that it was (**c**) to practice more. I was not a good player in high school, but I always did my best. Now I teach you baseball because I still like it.

　　　　　　　　　　a _____ 　　b _____ 　　c _____

入試攻略 Points
（解答→別冊 p.3）

◆**日本文に合う英文になるように，( )内に適当な語を入れなさい。**
　(1) 私は10年間東京に住んでいます。　　I ( ) ( ) in Tokyo ( ) ten years.
　(2) 彼は大阪に行ったことがあります。　　He ( ) ( ) ( ) Osaka.
　(3) 私はまだ私の部屋を掃除していません。　　I ( ) ( ) my room ( ).

入試重要度 **A** B C

ウォルト・ディズニーの生涯

時間 **30**分
合格点 **80**点
得点 　点

解答 ⇨ 別冊 pp.3 ～ 4

1 次の英文を読んで，あとの問いに答えなさい。 〔茨城一改〕

"All our dreams can come true, if we have the courage to pursue them." This is one of my favorite words by Walt Disney.

Walt was born in 1901. He liked drawing and art. He started drawing when he was little. When Walt was a high school student, he made cartoons for the school newspaper. He also took classes at an art school at night. In 1919, Walt found a job at an art studio. During this time, he learned about animation. He wanted to make his own animations, so he started his first company and made short movies there. ☐ 1 ☐ The animations were popular, but his company had some problems. He had to close his company.

In 1923, Walt started another studio with his brother. Walt created a popular character. ☐ 2 ☐ However, there was <u>a big problem</u>. Another company took his character and his co-workers away from him. But Walt never gave up. He created a new character again. He created an animation movie of this character with sound, and many people loved it. Then Walt created many new characters. They moved and talked in the movies. All of them were cute and became popular.

After that, Walt decided to make a long animation movie. Some people around him said it was difficult, but he believed that he and his co-workers could do it. ☐ 3 ☐ They finally finished making the movie in 1937. The movie became very popular. Walt got a lot of money. He used the money to build another movie studio and to make more animation movies.

Walt also had the idea to create a large park because he wanted to make many people happy. In 1955, he opened his first park in America. ☐ 4 ☐ The park became famous and popular, and it is still one of the world's most popular places to visit on vacation. Later, Walt had the idea to build a larger park in another American city. He worked on the plans but died before the park opened in 1971.

Walt Disney died on December 15, 1966, but his dreams still live on. His movies and parks are loved by many people around the world. His company has been creating wonderful movies.

words courage 勇気　pursue ～ ～を追い求める　Walt Disney ウォルト・ディズニー
cartoon(s) 漫画　took classes 授業を受けた　studio スタジオ
animation アニメーション　company 会社　created ～ ～を作った
character キャラクター　co-worker(s) 仕事仲間　gave up あきらめた
live on 続いている　has been creating ～ ～を作り続けている

☐(1) [内容説明] 下線部 <u>a big problem</u> の内容を日本語で説明しなさい。（10点）

_____

_____

□(2) [内容真偽] 本文の内容に合う文を，次の**ア〜ク**の中から3つ選んで，その記号を書きなさい。(10点) （　　　）（　　　）（　　　）

ア Walt started drawing pictures when he went to high school.

イ Walt went to art school and took pictures for the school newspaper.

ウ Walt had to close his first company because there were some problems.

エ Walt started his second company with his friend.

オ Walt created the characters, and he used them for his animation movies.

カ Walt believed that he and his co-workers could make a long animation movie.

キ Walt opened his first park in America, and he built the second one in Japan.

ク When Walt died in 1966, his company stopped making movies.

差がつく □(3) [脱文補充] 次の文は，文中の ☐1☐ 〜 ☐4☐ のどこに入るのが最も適切か，番号で答えなさい。(10点) （　　　）

Because of this character, his studio did well.

(4) [英問英答] 次の①〜②の質問に，それぞれ指定された語数の英文で答えなさい。ただし，符号(, . ? ! など)は，語数には含まないものとする。(15点×2)

□① When was Walt born? （5語）

_____

□② Why did Walt have the idea to create a large park? （5語以上）

_____

(5) [条件英作] 次の対話文は，本文を読んだ先生と生徒とのものである。①，②に入る英文をあなたの立場で，それぞれ15語程度で書きなさい。ただし，符号(, . ? ! など)は，語数には含めないものとし，2文以上になってもかまわない。(20点×2)

Teacher : What do you think about Walt Disney?

Student : （　①　）

Teacher : Oh, I see. By the way, what's your dream? What do you do for your dream?

Student : （　②　）

Teacher : Oh, that's good. I hope your dream will come true.

① _____

② _____

words by the way　ところで

📖 入試攻略Points
（解答→別冊 p.4）

◆日本文に合う英文になるように，(　　　)内に適当な語を入れなさい。

(1) 私の家は3年前に建てられました。　　My house (　　)(　　) three years ago.

(2) 英語は多くの国で話されています。　　English (　　)(　　)(　　) many countries.

(3) この絵はボブによって描かれました。　　This picture (　　)(　　)(　　) Bob.

入試重要度 A B C

月　日

電話での会話

時間 **30**分
合格点 **80**点
得点　　　点

解答 ➡ 別冊 pp.4 ～ 5

1 次の電話での会話を読んで，あとの問いに答えなさい。　〔都立八王子東一改〕

> *Mari* : Hello, Jack.
> *Jack* : Hi, Mari. How are you?
> *Mari* : Fine, thank you. Jack, will you be free tomorrow?
> *Jack* : Yes, Mari. But why?
> *Mari* : Well, I have three tickets for a baseball game. Will you go to the baseball game tomorrow with me and my brother, Kazu?
> *Jack* : Sure! That sounds great! I've never been to a baseball game in Japan. And I want to meet your brother, too. When and where can I meet you?
> *Mari* : It's a day game, so let's meet at Hachioji Station at one o'clock.
> *Jack* : All right. See you then.

□[**表現転換**] 下線部の内容を次のように書き表すとき，（　）にあてはまる最も適当な1語を書きなさい。(10点)

It's a day game, so (　　　　　) we meet at Hachioji Station at one o'clock ?

2 次の会話文は，高校生の太郎(Taro)と彼の学校に来て6か月になる留学生のジョン(John)との電話での会話です。また， ⬚ は太郎がジョンにあてて書いた伝言です。これらを読んで，あとの問いに答えなさい。　〔徳島一改〕

> *Taro* : Hello?
> *John* : Hello. (　①　) is John. May I speak to Taro, please?
> *Taro* : (　①　) is Taro.
> *John* : Hi, Taro. I heard you came to my house this afternoon.
> *Taro* : Yes, I visited you on my way to the library. But you were out then.
> *John* : Well, I was doing *kendo* at the gym. I began learning it last week. ⬚ ② ⬚
> *Taro* : That's great.
> *John* : And, ③thank you (　　　) your message, Taro.
> *Taro* : Your host mother showed it to you, didn't she?
> *John* : Yes, she did. But we'll have more than one hour before the movie if we meet at one o'clock. Don't you think it's too early?
> *Taro* : ⬚ ④ ⬚　 The movie is very popular now, so there'll be (　⑤　) people there tomorrow. We'll have to wait for a long time to buy our tickets.
> *John* : Oh, I didn't know that. O. K., then, see you at one o'clock. By the way, I have one more thing to ask. How much money will I need for the movie? I have been to the

> To John
> 　Tomorrow, let's meet at one o'clock in front of ABC Theater.
> 　The movie starts at 2:10.
> 　　　　　　　　　　　　　　　Taro

movies in Japan only once. At that time, my host mother paid for me.

Taro : Well .... If you bring one thousand and five hundred yen with you, that'll be enough.

John : [⑥   ] Thank you very much, Taro. See you tomorrow.

> **words** gym 体育館   message 伝言   host mother ホストファミリーのお母さん
> theater 映画館   more than ～ ～以上   too ～ あまりに～すぎる
> by the way ところで   once 一度   paid pay(支払う)の過去形

□(1)〔適語記入〕(①)に共通して入る1語を書きなさい。(15点)

□(2)〔適語記入〕下線部③の( )に適する1語を書きなさい。(15点)

□(3)〔適語選択〕(⑤)に適する語句を, 次の**ア〜エ**から1つ選び, 記号で答えなさい。(10点)
(   )

ア no   **イ** several   **ウ** a few   **エ** a lot of

(4)〔適文選択〕 ② , ④ , ⑥ に最も適する文を, それぞれ次の**ア〜エ**から1つずつ選び, 記号で答えなさい。(10点×3)

② **ア** It isn't important.   **イ** It's really interesting.
ウ I usually watch it.   **エ** I don't like it very much.
(   )

④ **ア** I hope so.   **イ** I mean it.   **ウ** I don't think so.   **エ** I don't know.
(   )

⑥ **ア** I see.   **イ** Of course.   **ウ** That's right.   **エ** Oh, no.
(   )

□(5)〔内容説明〕ジョンが太郎に電話をかけた主な目的を, 次の**ア〜オ**から2つ選び, 記号で答えなさい。(10点×2)
(   )(   )

ア 待ち合わせの時間が早過ぎないかどうかを尋ねるため。

イ 先週から剣道を習いはじめたことを伝えるため。

ウ 太郎がその日の午後に家に来たことを確認するため。

エ 見に行く映画はおもしろいかどうかを尋ねるため。

オ 映画を見るのにお金がいくら必要かを尋ねるため。

入試攻略 Points
(解答→別冊 p.5)

◆**日本文に合う英文になるように, (   )内の語句を並べかえなさい。**

(1) 彼女はあなたに私のメッセージを見せました。
(you, showed, my, message, she).

(2) 父は私に新しいコンピュータを買ってくれました。
My father (a, me, computer, new, bought).

1時間目
2時間目
3時間目
4時間目
5時間目
6時間目
7時間目
8時間目
9時間目
10時間目
11時間目
12時間目
13時間目
14時間目
15時間目
総仕上げテスト

5 時間目

入試重要度 A B C

道を尋ねる・道を教える

月　日

時間 **30**分
合格点 **80**点
得点　　　点

解答 ➡ 別冊 pp.5 ～ 6

1 家族旅行でオーストラリア(Australia)へ行った和夫(Kazuo)と，滞在していたホテルの受付の人(receptionist)との次の会話を読んで，あとの問いに答えなさい。〔北海道一改〕

Kazuo	: Excuse me. I am staying at this hotel with my family. We would like to go to the beach this morning. How can we get there?
Receptionist	: Please wait a minute. Here is a map of this town. Here is our hotel. You can use the city bus to go to the beach. This is the bus stop for the beach. Go straight two blocks from this hotel and turn right. Then, walk three blocks. The bus stop is in front of the flower shop.
Kazuo	: 　　①　　 take to get to the beach by bus?
Receptionist	: About twenty minutes.
Kazuo	: Are there any stores near the beach? I want to buy some presents for my friends after swimming.
Receptionist	: Oh, yes. There are big stores near there. They are very popular.
Kazuo	: In Australia, January is very hot, isn't it? In my town, it is very cold and there is a lot of snow.
Receptionist	: Oh, really? That's interesting. It is in ②the hottest season here. Well, have a good day!
Kazuo	: Thank you very much.

words beach 浜辺　map 地図　bus stop バス停　straight まっすぐに
block(s) 区画　snow 雪

□(1) ［部分英作］ 　①　 にあてはまる英語を4語で書きなさい。(15点)

□(2) ［適語記入］下線部②を1語の英語で書きなさい。(10点)

□(3) ［適図選択］右の図は，受付の人が見せてくれた地図を略したものである。受付の人が，和夫に教えたバス停はどれか。**ア**〜**エ**から1つ選び，記号で答えなさい。なお，バス停へは◆のところから出発し，↑の方向へ進むものとする。(15点)　　　（　　　）

□(4) ［内容真偽］本文の内容と合わないものを，次の**ア**〜**エ**から1つ選び，記号で答えなさい。(10点)

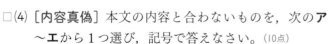

　ア Kazuo asked the receptionist how to get to the beach.
　イ The receptionist told Kazuo the way to the bus stop.
　ウ The receptionist asked Kazuo where to go shopping in his country.
　エ Kazuo told the receptionist about the weather in his town.

（　　　）

□(5) ［適語記入］次の英文は，和夫がこの日のことを書いた日記の一部である。本文の内容と
合うように， ⓐ ， ⓑ に入る適当な1語を，本文中から抜き出して書きなさい。

(10点×2)

　　Today we went to the beach. First, we enjoyed ⓐ . The sea was very beautiful and
there were a lot of people at the beach. After that, we went to some stores near the beach
and I bought some ⓑ for my friends. I had a very good time.

ⓐ _____　　　ⓑ _____

2 雅子(Masako)が初めて訪れた町で郵便局(post office)を探している。次の会話を読んで，
あとの問いに答えなさい。

〔富山〕

Masako : Excuse me. ①
Woman : The post office? Well ... sorry, ②
Masako : Well, that's OK. Thank you ....
　　　　　(A little later)
Masako : Excuse me. I'm trying to find the post office.
　　　　　　③
Man 　　: OK. The post office .... Oh, yes. You turn left at the
　　　　　first corner. Go one block until you come to Baker
　　　　　Street. Turn right on Baker Street. You can find it on
　　　　　your right after you pass a flower shop. You can't
　　　　　miss it.
Masako : OK. ④

●ア　　　イ●

Baker Street

| flower shop | post office |

●ウ　　　エ●

words　corner かど　　block 区画　　until ～　～まで　　street 通り
　　　pass 通り過ぎる　　miss 見落とす

□(1) ［適文選択］ ① ～ ④ のそれぞれに入る適当な文を，次の**ア**～**カ**から1つ選び，記
号で答えなさい。なお，それぞれの記号は一度しか使えない。(5点×4)

①(　　) ②(　　) ③(　　) ④(　　)

ア Can you help me?　　**イ** Right and then left.
ウ Will you tell me how to get to the post office?
エ I don't really know.　　**オ** Left and then right.
カ OK, I'll tell you.

□(2) ［適図選択］雅子と男性はどこで話しているか。図の**ア**～**エ**から1つ選び，記号で答えな
さい。(10点)

(　　　)

入試攻略Points
（解答→別冊p.6)

◆日本文に合う英文になるように，(　　)内の語を並べかえなさい。
劇場への行き方を教えていただけますか。
(to, tell, you, how, would, me) get to the theater?

1時間目
2時間目
3時間目
4時間目
5時間目
6時間目
7時間目
8時間目
9時間目
10時間目
11時間目
12時間目
13時間目
14時間目
15時間目
総仕上げテスト

入試重要度　A　B　C

ボランティア活動

時　間
30分

合格点
80点

得点

点

解答 ➡ 別冊 pp.6 ～ 7

1 次のミツオのスピーチ原稿を読んで，あとの問いに答えなさい。　　　　〔群馬〕

One day, our school had a cleanup activity. Our class cleaned the road from the station to the school. I didn't think we needed to clean the road because I didn't see much garbage when I came to school by bike. But when I started working, I found that I was wrong. I could not believe that there was so much garbage along the road. When we finished cleaning the road, all of the garbage bags were full.

When I came back home, I told my mother about the cleanup activity. I said, "I was very surprised to find there was so much garbage along the road. I don't know why I didn't see the garbage before." My mother said, "   A   If you try to look at things carefully, you will notice many different things." I agreed with my mother and tried to be more interested in garbage in our city. Then I noticed that there were some people who tried to clean our city, but there was still a lot of garbage in the park and along some roads. I was surprised again.

After that, I became more interested in things around me. So I began to read a newspaper and the city magazine more often than before. One day, I read an article about a volunteer group which was doing good activities. I was very interested in the activities. I called the office of the group and visited there on Saturday. At the office, Mr. Tanaka, one of the members of the group, said to me, "Mitsuo, thank you for calling.   B   Why are you interested in our group?" I answered, "I read the article about your group in the city magazine. I hope there is something I can do with you." Mr. Tanaka said, "That's wonderful. We are now collecting pencils and notebooks, and sending them to some foreign countries. There are a lot of children who need them. We feel very happy when we get letters from the children." Before I joined this group, I never thought that pencils and notebooks were needed so much. Now I sometimes go to the office and help to pack the pencils and notebooks on Sunday.

From these experiences, I've learned some important things. Now I think we can notice something new when we become more interested in things around us. Let's try to do something. If everyone tries to do so, <u>we can make the world better</u>.

words　cleanup activity　清掃活動　　road　道　　garbage　ごみ　　along ～　～沿いに
full　いっぱいの　　carefully　注意深く　　notice ～　～に気づく　　newspaper　新聞
city magazine　市の情報誌　　article　記事　　office　事務所　　member(s)　メンバー
collect ～　～を集める　　pack ～　～を箱詰めする　　experience(s)　経験

□(1) [適文選択] 本文中の A ，B にあてはまる最も適当な英文を，次の**ア**～**オ**からそれぞれ1つ選び，記号で答えなさい。(10点×2)　　　　A（　　）B（　　）

ア There wasn't any garbage on the road.

イ You didn't have much time to find it.

ウ I think you weren't interested in it.

エ You are going to do something difficult.

オ I'm very glad to meet you.

(2) [英問英答] 次の①，②の問いに，3語以上の英語で答えなさい。(15点×2)

□① Did Mitsuo know about the volunteer group from a newspaper?

_____

□② Why are the members of the volunteer group collecting pencils and notebooks?

_____

□(3) [内容説明] ミツオは，本文中の下線部のことを実現するにはどうすればよいと考えているか，日本語で答えなさい。(20点)

_____

□(4) [文章整序] 次の英文は，ミツオのスピーチの要約です。本文の内容に合うように，次の 　　　　 内の**ア**～**オ**の英文を並べかえて，記号で書きなさい。(30点)

　Mitsuo cleaned the road for his school activity. He found a lot of garbage which he didn't notice before.

> **ア** He went to the office of the group because he wanted to do something with them.
>
> **イ** He became more interested in things around him after talking with his mother about it.
>
> **ウ** Now he sometimes helps to pack pencils and notebooks on Sunday.
>
> **エ** He told his mother about the cleanup activity when he came back home.
>
> **オ** One day, he found an interesting article about a volunteer group.

He learned what to do to make the world better from his experiences.

（　　　）→（　　　）→（　　　）→（　　　）→（　　　）

入試攻略 Points
（解答→別冊 p.7）

◆次の英文の（　　）にあてはまる語を下の語群から選びなさい。（ただし，1回ずつしか使わないこと）

(1) Can you see the building（　　）stands over there?

(2) I have a friend（　　）is from Canada.

(3) I saw the girl and her dog（　　）were walking in the park.

【that，who，which】

1時間目
2時間目
3時間目
4時間目
5時間目
6時間目
7時間目
8時間目
9時間目
10時間目
11時間目
12時間目
13時間目
14時間目
15時間目
総仕上げテスト

入試重要度 A B C

時間の使い方

時間 **30**分
合格点 **80**点

解答 ➡ 別冊 pp.7 ~ 8

得点

点

1 次の英文を読んで，あとの問いに答えなさい。　〔愛知〕

　What do you usually do on Sundays? Do you read books or watch TV at home? Do you go shopping or play outside? ①(ⓐ) is interesting to know (ⓑ) young people in Japan do on Sundays.

　Look at the table. The people in Group A are 10 to 14 years old, and the people in Group B are 15 to 19 years old. The people in Group A and Group B spend the longest time on "Sleeping." They sleep for about nine hours. They spend about (②) on "Shopping" and "TV, Radio, Newspapers and Magazines."

Time Used for Sunday Activities (hour. minute)

	Group A	Group B
Sleeping	9.26	9.01
Studying	0.50	1.20
Shopping	0.31	0.28
TV, Radio, Newspapers and Magazines	2.59	2.55
Sports	1.23	0.29
Volunteer Activity	0.10	0.03

（例　9.26：9 時間 26 分）

　③However, (are, between, differences, groups, some, there, these, two). The people in Group B study longer than the people in Group A, but they study for less than one hour and thirty minutes. Do you think that is enough? The time the people in Group A spend on sports is longer than the time the people in Group B spend on them. The difference is about fifty minutes. The time the people in Group B spend on sports is very short. Do you enjoy (**A**) sports with your friends or family members?

　How about volunteer activities? The time for volunteer activities is very short. You can do many kinds of volunteer activities if you want to do them. For example, you can clean the river or read books to small children. If you do these activities, you will have good communication with many people and have a very good time.

　Remember what you did on Sundays when you were 10 to 14 years old. Now, decide how you will spend Sundays in your high school days. You can do many things that you (④) never done.

words outside　外で　　table　表　　10 to 14 years old　10 歳から 14 歳までの
spend ~ on ...　…に~(時間)を使う　　however　しかし　　less than ~　~未満　　activity　活動

□(1) [**適語記入**] 下線部①の文が，「日本の若者が日曜日に何をするかを知ることは興味深いことである。」となるように，(ⓐ)，(ⓑ)のそれぞれにあてはまる最も適当な英語を書きなさい。ただし，文頭にくる語は大文字で始めること。(5点×2)

ⓐ＿＿＿＿＿＿　　ⓑ＿＿＿＿＿＿

□(2) [適語選択]（ ② ）にあてはまる最も適当なものを，次の**ア**～**エ**から１つ選び，記号で答えなさい。(15点)　　　　　　　　　　　　　　　　　　　　　　（　　　）

ア three hours　　**イ** three hours and thirty minutes
ウ four hours　　**エ** four hours and thirty minutes

□(3) [整序英作] 下線部③の文が，「しかし，これらの２つのグループの間にはいくつかの違いがある。」となるように，（　）内の語を正しい順序に並べかえなさい。(15点)

_____

□(4) [適語記入]（ **A** ）にあてはまる最も適当な語を，次の４語の中から選んで，正しい形にかえて書きなさい。(10点)

look　　play　　like　　spend　　　　　　　　　　_____

□(5) [適語選択]（ ④ ）にあてはまる最も適当な語を，次の**ア**～**エ**から１つ選び，記号で答えなさい。(10点)　　　　　　　　　　　　　　　　　　　　　　（　　　）

ア have　　**イ** can　　**ウ** will　　**エ** must

□(6) [内容真偽] 本文の内容に合っているものを，次の**ア**～**エ**から１つ選び，記号で答えなさい。(20点)　　　　　　　　　　　　　　　　　　　　　　　　　　（　　　）

ア The people in Group B don't sleep as long as the people in Group A and they don't study as long as the people in Group A on Sundays.
イ On Sundays the time for shopping in Group A is as long as the time for studying in Group B, and both groups study for less than one hour.
ウ The difference in the time for shopping in both groups is very small and they spend about thirty minutes on shopping on Sundays.
エ The people in both groups like sports because the table shows that they spend about one hour and thirty minutes on sports on Sundays.

□(7) [適語記入] 次の英文が本文の要約となるように，ⓐ，ⓑのそれぞれの（　）にあてはまる最も適当な語を，本文中から抜き出して書きなさい。(10点×2)

　　How do young people in the two groups spend Sundays?　The people in Group B study （ ⓐ ） than the people in Group A, but the time people in Group B spend on sports is shorter.　If you do volunteer activities, you will have good communication with many people. You should （ ⓑ ） how you will spend Sundays in your high school days.

ⓐ _____　ⓑ _____

入試攻略 Points
（解答→別冊 p.8）

　◆**日本文に合う英文になるように，（　　）内に適当な語を入れなさい。**
　(1) 私の部屋にはコンピュータが１台あります。　（　　）（　　）a computer in my room.
　(2) 教室には５人の生徒がいました。　（　　）（　　）five students in the classroom.
　(3) １週間は７日あります。　（　　）（　　）seven days in a week.

1 時間目
2 時間目
3 時間目
4 時間目
5 時間目
6 時間目
7 時間目
8 時間目
9 時間目
10 時間目
11 時間目
12 時間目
13 時間目
14 時間目
15 時間目
総仕上げテスト

8 時間目 スピーチ

時　間 **30**分
合格点 **80**点
得点　　　点

解答 ⇨ 別冊 pp.8〜9

1 英語の授業で，ALT（外国語指導助手）の Mr. White が日本で興味深く感じたことを，また，ホームステイから帰国した健二(Kenji)がアメリカで興味深く感じたことを，それぞれ話した。次の2つのスピーチを読んで，あとの問いに答えなさい。　　〔山梨〕

【Mr. White's Speech】

Hello, everyone. I came to Japan three weeks ago. I have found many interesting things ①（ア for　イ since　ウ when　エ if) then. 　X

The first thing is about the Japanese word "doumo." I know that it means "thank you." But one day I said to a teacher, "Hello," and he said, "Doumo." I was very surprised. Later my friend taught me many meanings of "doumo." For example, it means "thank you," "hello," and sometimes "sorry." 　ⓐ　 Small words like this are important for communication.

Second, it is easy to get things that I need. I saw many kinds 　A　 vending machines selling drinks, rice, and sometimes eggs in Yamanashi. Also there are many convenience stores in Japan. When I bought something there, I didn't have to say many Japanese words. But I am studying Japanese now, so I want to speak Japanese more.

The last thing is a peace sign. I like ②（ア take　イ took　ウ taken　エ taking) pictures. One day after school when I tried to take pictures of my students, they made a peace sign with their fingers. Yesterday, in another class, the same thing happened. I don't know why they make a peace sign when they are in pictures. 　ⓑ

That's all. Thank you for listening.

【Kenji's Speech】

Hi, everyone. I have just come back from America. I stayed with Mr.Baker's family for ten days during the summer vacation. I had a wonderful time. Today I am 　B　 to talk about three interesting things that I found there.

First, their English was very fast for me. So I didn't understand ③（ア what　イ how　ウ when　エ where) they said. But people around me were very kind. They tried to speak more slowly. Sometimes they used pictures to tell me something. I think I have to study English harder to understand them.

Second, everything was very big. One day my host family took me 　C　 a hamburger shop. I ordered one hamburger and one large cola. When I saw the large cola, I was very surprised. The large cola was much bigger 　D　 a large cola in Japan. It was as big as my face.

Third, I didn't know when to start and finish eating. In Japan we say, "Itadakimasu," ④（ア like　イ before　ウ until　エ because) eating and, "Gochisousama," after eating. But in America they didn't say any special words to start and finish eating. 　ⓒ

Thank you.

□(1) ［適語選択］（ ① ）〜（ ④ ）にあてはまる最も適当な語を，**ア〜エ**から１つずつ選び，記号で答えなさい。(6点×4)

①（　　　） ②（　　　） ③（　　　） ④（　　　）

□(2) ［和文英作］ | X | の中に，「私はそれらのいくつかについて話します。」という内容を表す英文を１つ書きなさい。(10点)

_____

□(3) ［脱文補充］次の英文を | ⓐ | 〜 | ⓒ | のいずれかに入れるとき，最も適当な場所を１つ選び，その記号で答えなさい。(10点)　　　　　　　　　　　　　　　　　　　（　　　）

I think it is very useful.

□(4) ［適語記入］ | A | 〜 | D | にあてはまる最も適当な英語を，本文に合うように，１語ずつ書きなさい。(8点×4)

A _____　　B _____　　C _____　　D _____

□(5) ［適語記入］ふたりのスピーチを聞いていた久美は，次のようにメモを取った。 | ① | 〜 | ③ | の中に，最も適当な英語を１語ずつ書きなさい。(8点×3)

Mr. White	
1	*"Doumo"* has many meanings.
2	Japan has many vending machines and convenience stores. He didn't have to use many Japanese words in convenience stores.
3	Japanese students	①	a peace sign in pictures.

Kenji	
1	Their English was very	②	.
2	All things in America were very	③	.
3	American people didn't say any special words to start and finish eating.

①_____　　②_____　　③_____

入試攻略Points
（解答→別冊 p.9）

◆日本文に合う英文になるように，（　　）内の語句を並べかえなさい。

(1) そのとき彼が何をしたか知っていますか。

Do you know (did, what, he) at that time?

(2) 次の列車がいつ出発するのか私に教えてください。

Please tell me (when, will, next train, the, leave).

9 時間目

入試重要度 A B C

職業意識

時　間 **30**分
合格点 **80**点
得点

解答 ➡ 別冊 p.10

点

1 次の英文を読んで，あとの問いに答えなさい。　　〔青森〕

Today I will tell you about a man I have known for about fifteen years. He was one of my students and his name is Kenji.

When he was seventeen years old, I asked him what he wanted to do in the future. He couldn't say anything.

One day he found a poster of a cookery school. It said, "We'll have an open house next Saturday. Let's enjoy cooking together!" He was interested in cooking and cooked for his family many times. So, he went there.

The students of the school welcomed him. He had a very good time there because he cooked with them and enjoyed the food. He thought, "Cooking is a lot of fun. If I become a cook, I can make many kinds of food. Good food can make people happy. I'll become a cook."

When he finished high school, he went to the cookery school. The classes were very difficult, but it was exciting for him to study something new every day. He studied very hard there to be a cook.

After he finished studying at the cookery school, he came to this city. He started to work for a Japanese restaurant. In this first year, he only washed the dishes. When he was washing the dishes, sometimes he watched the things that the other cooks did. This was his way of learning how to cook Japanese food.

One day in his second year, the master chef told him to cook lunch. Kenji was surprised. The master chef said, "I will watch how you cook. And if your lunch is good, you may help the other cooks." He watched how Kenji cooked.

He finished cooking, but the master chef didn't eat the lunch. Kenji asked him <u>why</u>. "You did your best today and I think you studied hard at the cookery school, but you didn't cook in my way... I know you feel sad, but I want all the cooks here to become good cooks. You must learn how to cook in my way first. After that, you can cook as you like. Don't rush. You have a lot of time."

Kenji faced many difficulties when he was working. Sometimes it was hard for him to overcome them, but he never gave up and became a good cook.

words Kenji ケンジ　poster ポスター　cookery school 料理学校　open house 体験入学　welcomed ～ ～を歓迎した　cook 料理人　washed ～ ～を洗った　dishes 食器　washing ～ ～を洗って　cooks cook(料理人)の複数形　way やり方　master chef 料理長　did your best 最善をつくした　as you like 好きなように　rush 急ぐ　faced ～ ～に直面した　difficulties 困難　overcome ～ ～を克服する　gave up あきらめた

(1) [適文選択] 次の①〜③の英文に続けるのに最も適当なものを，それぞれア〜エから1つずつ選び，記号で答えなさい。(12点×3)

□① Kenji wanted to be a cook because （　　）
- ア he liked to study at the cookery school.
- イ he could make people happy by his work.
- ウ his family had a Japanese restaurant.
- エ his family asked him to be a cook.

□② The classes at the cookery school （　　）
- ア were very interesting and it was easy for Kenji to study.
- イ were not easy but it was very interesting for Kenji to study.
- ウ were useful but Kenji wanted to study more difficult things.
- エ were easy and Kenji was glad to study.

□③ The master chef told Kenji to cook in the master chef's way because （　　）
- ア he wanted him to know what to cook.
- イ he wanted to give his restaurant to Kenji.
- ウ he wanted him to cook well.
- エ he wanted to eat a good lunch.

□(2) [適語記入] 次の英文が本文の内容と合うように，①〜③に入る最も適当な語を，それぞれ1語，本文から抜き出して書きなさい。(8点×3)

　　When Kenji was asked about his （　①　） by his teacher, he could say nothing about it. One day he saw a poster of an open house and he was （　②　） in it. He liked to （　③　），so he went there.

　　　　　　　① ＿＿＿＿＿＿　　② ＿＿＿＿＿＿　　③ ＿＿＿＿＿＿

□(3) [内容説明] 下線部 why の内容を日本語で説明しなさい。(20点)

＿＿＿

□(4) [内容説明] 本文の話し手が，この話をとおして伝えたかったこととして最も適当なものを，次のア〜エから1つ選び，記号で答えなさい。(20点) （　　）
- ア It is important to work hard for your dream.
- イ It is important to learn how to cook lunch.
- ウ It is important to study something new.
- エ It is important to watch the things done by others.

入試攻略Points
(解答→別冊 p.10)

◆日本文に合う英文になるように，（　　）内に適当な語を入れなさい。
(1) 海で泳ぐことは楽しい。　（　　）is fun（　　）（　　）in the sea.
(2) 読書をすることは子どもにとって大切ですか。
　　　Is（　　）important（　　）children（　　）（　　）books?

入試重要度 **A** B C

日本と外国の比較

時 間 **30**分
合格点 **80**点

解答 ➡ 別冊 p.11

月　　日

得点

点

1 次の英文は，北海道の高校で学んでいる留学生のシンディ（Cindy）が，アメリカの友だち
に送った手紙の一部である。これを読んで，あとの問いに答えなさい。　〔北海道—改〕

I arrived in Hokkaido two weeks ago. My school in Japan is wonderful! I can't speak Japanese well yet, but I've made friends with many students at this school. I read some books about Japan before I came here. But many things about Japanese school life are new to me.

For example, an interesting thing happened at lunch time on my first day at this school. After the fourth class finished, suddenly my classmates began to eat lunch in our classroom! And they put their lunch boxes on their own desks! I couldn't believe it. So, I asked my friend, Shiori, "Aren't your desks for studying?" She looked a little surprised and answered, "①Of course they are. But we use them when we eat lunch, too. Why do you ask?"

Another interesting one happened after school that day. After we finished our class, some students started to clean the classroom. ②That also made me surprised. Because our school in America has cleaning staff, students and teachers don't have to clean. The next day, I cleaned my classroom with my classmates for the first time. After cleaning with them, I felt good. I think that it's good for students to clean the places that they use.

Lastly, we have our school trip for five days next month. You may also be interested in this because our school in America doesn't have such a long trip. I'm very happy because I will go to Kyoto, Tokyo and other places in Japan. Now my classmates and I often talk about our school trip. It is interesting to plan what places we will visit in Kyoto. I want to see some famous places and old Japanese buildings with my own eyes.

I sometimes feel that there are many differences between Japan and America. So, my life in Japan is very exciting every day. I will tell you about my school trip next time.

words happen 起こる　suddenly 突然　classmate(s) 同級生　believe 〜 〜を信じる
cleaning staff 清掃を行う人たち　lastly 最後に　difference(s) 違い

□(1) **[内容説明]** 下線部①で，しおり（Shiori）が述べているのは具体的にどのようなことか。
最も適当なものを，次の**ア**〜**エ**から１つ選び，記号で答えなさい。（10点）　　（　　　）

ア 机は，勉強をするためのものだということ。
イ 机は，食事をするためのものだということ。
ウ 同級生は，質問に驚いたということ。
エ 同級生は，勉強中だということ。

□(2) [内容説明] 下線部②の示す内容を，具体的に日本語で書きなさい。(10点)

_____

(3) [適語記入] 本文の内容に合うように，次の対話文の ☐ に入る適当な１語をそれぞれ
書きなさい。(10点×2)

□① *Shiori* : Why don't the students at your school in America clean their classrooms?

Cindy : Because there are some people ☐ ☐ the classrooms.

_____   _____

□② *Shiori* : How do you like your school life here?

Cindy : It's very exciting. My ☐ isn't good yet, but I'm happy I've made friends
with many students.

_____

(4) [適文選択] 次の①，②のあとに続く表現を，本文の内容と合うように，それぞれ次の**ア**
〜**エ**から１つ選び，記号で答えなさい。(15点×2)

□① On the first day at the school, Cindy was very surprised that

ア her classmates studied in their classroom during lunch.

イ her classmates began to clean their desks before lunch.

ウ the students in her class moved to another room after lunch.

エ the students in her class had lunch at their desks. （　　）

□② Cindy is happy about her school trip next month

ア because she has to find some differences between Kyoto and Tokyo.

イ because she hopes to see some famous places in Japan with her own eyes.

ウ because she likes to plan where to visit in America with her classmates.

エ because she enjoys talking with her classmates about school life in America.

（　　）

(5) [条件英作] 次の①，②の場合，あなたは相手にどのように言うか。それぞれ英語で書き
なさい。(15点×2)

□① 北海道で行ってみたいところはどこかを尋ねるとき。

_____

□② 相手の学校生活について教えてほしいとき。

_____

入試攻略Points
(解答→別冊 p.11)

◆次の２つの英文を意味の違いがわかるように，日本語に直しなさい。

(1) She was very happy.

(2) She looked very happy.

入試重要度 A B C

11 時間目 手紙文

月　日

時間 **30**分
合格点 **80**点

得点

点

解答 ➡ 別冊 pp.11 ～ 12

1 次の文は，イギリス滞在中の留学生京子が，日本の高校で英語を教えているグリーン先生
(Ms. Green)にあてた手紙の一部である。これを読んであとの問いに答えなさい。〔京都―改〕

Six weeks have passed since I came to England. Thank you for your kind letter. It was good to hear from you. You asked me about my life here. I must say, "It's very good!" I'm staying in a town near a beautiful lake. The people in this town are very kind and friendly. Last month I enjoyed seeing the beautiful trees around the lake, because the ①(leaf) on the trees changed their colors. Now it is November, so they are falling one after another. At night we can see a lot of bright stars in the sky.

The school is very old and has a long history. I am studying English with other foreign students who come from different parts of the world. I am the only student from Japan. I didn't talk much at first, because I thought speaking English was too difficult for me. But the other students really liked talking and tried to speak English. I was so surprised when they just made eye contact, smiled, and started to talk. So I tried to speak English to them every day. Soon I found that it was exciting to talk with people from other countries. Now I am very happy to have a lot of friends here. Our communication is not perfect and usually takes time, but 　②　. I think that it is important to talk with others and understand them.

Nina, one of my friends, is from Spain. She is interested in Japan because her father has been to Japan and often talks about his life in Japan to her. She wants to visit Japan someday, so she asks many questions about Japan. The other day she asked me about *kabuki*. She wanted to know about the actors and the costumes. When her ③(showed, pictures, some, of, her, father) *kabuki*, she thought it looked very interesting. I couldn't answer her questions well, because I didn't know much about *kabuki*. Then, I ④(send) e-mails to my family, and some teachers and friends at school in Japan, and asked for information about *kabuki*. I also surfed the Internet to find out how to explain *kabuki* to foreign people. A week later, I answered Nina's questions and told her more about *kabuki*. She was interested in the information, and I was happy to share it.

Some of the people here are interested in Japan, and they want to hear about the differences between my country and their countries. I think the questions which people ask me are not very difficult. But when I try to answer them, I often can't find the right words quickly. So it is important for me to study English. And I think it is also important to learn a lot about Japan and to know it well. When I say or do something in a foreign country, I have to remember that people will learn about Japan and Japanese people through me.

Are you going to visit England? I got a letter from my friend Kumi, and she said you talked about it in class. I hope you will come here and see me. ⑤私たちは一緒に楽しい時を過ごすことができると思います。 I want to know when you will visit. And what are you doing these days? Please write to me soon!

1 時間目
2 時間目
3 時間目
4 時間目
5 時間目
6 時間目
7 時間目
8 時間目
9 時間目
10 時間目
11 時間目
12 時間目
13 時間目
14 時間目
15 時間目
総仕上げテスト

words England イングランド(イギリスの一地方)　friendly 好意的な　Nina ニーナ(女性の名前)　Spain スペイン　someday いつか　*kabuki* 歌舞伎　costume(s) 衣装　information 情報　share 分かち合う　these days 最近

□(1) [語形変化] (　　)①，④の語を，適当な形に直しなさい。(12点×2)

①＿＿＿＿＿＿＿＿＿　④＿＿＿＿＿＿＿＿＿

□(2) [適文選択] ②　に入る最も適当なものを，次のア～エのうちから1つ選び，記号で答えなさい。(16点)　(　　　)

ア it is hard for me to decide　　イ many students don't know Japanese
ウ our teachers are quite strict　　エ we enjoy it every day

□(3) [整序英作] 下線部③の(　　)内の語を正しく並べかえなさい。(20点)

＿＿＿＿＿＿＿＿＿＿＿＿＿＿＿＿＿＿＿＿＿＿＿＿＿＿＿＿＿＿＿

□(4) [適語記入] 下線部⑤の日本語を英語にするとき，次の　ⓐ　，　ⓑ　に入る語を1語ずつ書きなさい。(8点×2)

I think we can　ⓐ　a good　ⓑ　together.

ⓐ＿＿＿＿＿＿＿＿＿　ⓑ＿＿＿＿＿＿＿＿＿

□(5) [適語記入] 次の英文はグリーン先生が京子から手紙を受け取ったあとに書いた返事の一部である。文中の　ⓐ　，　ⓑ　に入る最も適当な2語からなる部分を，それぞれ本文中から抜き出して書きなさい。(12点×2)

　　Yes, I am thinking of visiting England. The purpose of my trip is to visit one of my friends in London.

　　I think it is difficult to live in a　ⓐ　. When I started to live in Japan last year, I had some problems. My Japanese was not very good, and I didn't know　ⓑ　explain my problems in Japanese. To study Japanese was difficult for me, but I learned many things when I talked with Japanese people.

ⓐ＿＿＿＿＿＿＿＿＿＿＿＿＿　ⓑ＿＿＿＿＿＿＿＿＿＿＿＿＿

入試攻略Points
(解答→別冊 p.12)

◆日本文に合う英文になるように，(　　　)内に適当な語を入れなさい。
(1) あなたはそのコンピュータの使い方を知っていますか。
　　Do you know (　　) (　　) use the computer?
(2) 私は医者として何をすればよいか学びました。
　　I learned (　　) (　　) do as a doctor.

25

入試重要度 **A** B C

移民の話

時間 **30**分
合格点 **80**点

解答➡別冊 p.13

月　　　日

得点

点

1 次の英文は，高校生の明(Akira)が，英語の授業で行った，移民についてのスピーチの原稿である。これを読んで，あとの問いに答えなさい。　　　　　　　　〔和歌山〕

I did a homestay in Australia. I stayed with a host family. My host father and host mother were immigrants from India. I stayed with people from India in Australia! It was interesting. My host mother said, "There are a lot of immigrants from many countries in Australia."

When I came back to Wakayama, I told my family about immigrants in Australia. My father said, "You had a good experience. Well, about 100 years ago, many immigrants from Wakayama worked in foreign countries. They also introduced foreign cultures to Wakayama. You can see Western-style houses in some places." I wanted to know more about immigrants from Wakayama. So I studied about them.

First, I found the number of immigrants from Wakayama in foreign countries. Then I made a graph about them. The immigrants went to many countries. Please look at the graph. It shows the number of people who lived in foreign countries in 1927. The countries in the graph were the top four countries for immigrants from Wakayama. Many people lived in Australia, but more people lived in Canada. More than 10,000 people lived in the United States. Brazil comes after these three countries.

Studying about immigrants from Wakayama is very interesting. I still want to know many things. For example, I want to know about their jobs in foreign countries. I'll keep studying about immigrants.

グラフ

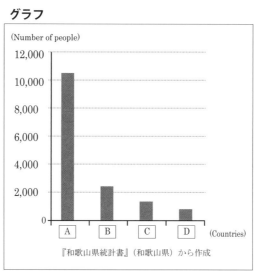

『和歌山県統計書』(和歌山県) から作成

words homestay　ホームステイ　　host　ホストの(ホームステイ先の)　　immigrant　移民
introduce　伝える　　Western-style　西洋式の　　graph　グラフ
top four countries　上位４か国　　Canada　カナダ

(1) [適文選択] 本文の内容に合うように，次の①，②の（　）にあてはまる最も適切なものを，それぞれ**ア～エ**の中から１つ選び，その記号を書きなさい。(20点×2)

　□① Akira (　　　　).

　　　ア went to India with his father

　　　イ met a family from India in Australia

　　　ウ saw people from Wakayama in Australia

　　　エ invited his host mother to Wakayama　　　　　　　　　　（　　）

　□② Akira (　　　　).

　　　ア wants his father to go to Australia

　　　イ lives in a Western-style house

　　　ウ will keep studying about immigrants

　　　エ will work hard to help immigrants　　　　　　　　　　（　　）

□(2) [内容説明] 文中の下線部 the graph について，本文の内容に合うようにグラフの　**A**　～　**D**　にあてはまる最も適切な国名を，次の**ア～エ**の中から１つずつ選び，その記号を書きなさい。(10点×4)

　ア Australia　　**イ** Canada　　**ウ** the United States　　**エ** Brazil

　　　　　　　　　　　　　　　　　　　　A（　　　）　B（　　　）
　　　　　　　　　　　　　　　　　　　　C（　　　）　D（　　　）

□(3) [適語記入] 明は，スピーチのあと，ALT（外国語指導助手）のエレン（Ellen）と話をした。次の対話文は，そのやりとりの一部である。対話の流れに合うように，文中の　　　　にふさわしい英語を書きなさい。ただし，語数は２語以上とし，符号(，.?!など)は語数に含まないものとする。(20点)

Ellen : Your speech was great. Everyone in your class learned a lot.

Akira : Thank you.

Ellen : You want to know more about immigrants. Is that right?

Akira : Yes. For example, I want to know about their jobs in Australia.

Ellen : What will you do to get the information?

Akira : I will 　　　　　　 .

Ellen : Good.

入試攻略 Points
(解答→別冊 p.13)

◆日本文に合う英文になるように(　　)内に適当な語を入れなさい。

(1) 向こうにいる男の人を見てください。　（　　）（　　）the man over there.

(2) １年以上の時間が経過した。　（　　）（　　）a year has passed.

27

右側の時間目インデックス：
1時間目 / 2時間目 / 3時間目 / 4時間目 / 5時間目 / 6時間目 / 7時間目 / 8時間目 / 9時間目 / 10時間目 / 11時間目 / 12時間目 / 13時間目 / 14時間目 / 15時間目 / 総仕上げテスト

入試重要度　A　B　C

人との出会い

時間 **30**分
合格点 **80**点

得点

点

解答⇒別冊 pp.13～14

1 次の英文は，イギリスの小さな村とロンドン(London)を舞台にした，リサ(Lisa)と絵本作家(a writer of picture books)メアリー(Mary)の出会いから始まる物語である。これを読んで，あとの問いに答えなさい。　〔岩手〕

Mary was a writer of picture books. She lived alone and her life was simple. Every morning she worked, and in the afternoon she 　①　 her flowers in the garden. There were a lot of beautiful flowers there.

One rainy day Mary saw a girl who was standing in front of the garden. Mary gave her a smile and asked, "Do you like flowers? What's your name?"

"My name is Lisa. I like flowers," answered Lisa. Mary said, "I'm glad to see you." They talked about flowers. They had a wonderful afternoon. "You can come again, Lisa. I think we will become good friends," said Mary.

After that day Lisa often came to Mary's garden and talked with Mary. Mary knew Lisa's parents were very busy and Lisa couldn't see them during the day. When Lisa felt alone, she usually came to Mary's garden after school and looked at the flowers. Lisa and Mary talked about a lot of things. They became good friends, but one year later Lisa heard ②sad news. She ran to Mary's house and said, "My family will move to London. I don't want to leave this village." They hugged each other without saying a word.

Twenty years later, in London

Lisa was working as a nurse and her husband, Tom was working as a taxi driver. They had a daughter, Emily. Lisa wanted to help sick people. She had too many things to do in the hospital and always worked hard, so she was very tired.

She worried about her work and her daughter. She wanted to be with Emily more, but she didn't have enough time. She thought Emily was alone too much.

Because Lisa was very busy, she began to feel unhappy and to lose hope. She began to say to herself, " 　③　 Is this a good life?"

One day Emily said to Lisa, "Mom, I found a nice picture book in a shop. The picture was so beautiful. I want that book." Usually Emily didn't ask Lisa to buy anything, so Lisa bought it for Emily the next Saturday.

In the evening Lisa read the picture book to (　ⓐ　). It was a warm story between a girl and a woman, and there were many beautiful pictures of flowers in the book. On one page the girl talked with the woman in the garden.

"What do you want to be?" asked the woman.

"I don't know, but I want to be like flowers.

Flowers always give people hope,

and flowers make people happier," answered the girl.

When Lisa saw the picture of this page, she suddenly remembered. "This is Mary's garden!" Twenty years ago they said the same thing in the garden. Lisa looked at the first page and she found the author's words there. "This book is for my dear friend, (ⓑ)." Then Lisa remembered those kind words (ⓒ) said to her on that rainy day.

A little later Lisa said to herself, "④I will be like flowers. I will be a person who can give hope to people around me." Lisa hugged Emily, and then Emily gave a smile back to Lisa.

> **words**　simple　質素な　　garden　庭　　rainy　雨の　　hug ～　～を抱きしめる
> each other　お互い　　nurse　看護師　　husband　夫　　taxi driver　タクシー運転手
> daughter　娘　　unhappy　不幸せな　　hope　希望　　say to herself　心の中で思う
> author's words　作家の言葉

□(1) [適語選択] 文中の ① に入る最も適当なものを，次のア〜エのうちから1つ選び，記号で答えなさい。(10点) 　　　　　　　　　　　　　　(　)

　ア looked like　　イ waited for　　ウ fell down　　エ took care of

□(2) [内容説明] 下線部②sad news は具体的にどのようなことか。その内容を日本語で簡単に書きなさい。(20点)

□(3) [適文選択] 文中の ③ に入る最も適当な英語を，次のア〜エのうちから1つ選び，記号で答えなさい。(20点) 　　　　　　　　　　　　　　(　)

　ア What life should I have? Should I become a doctor?
　イ Can I be a good nurse? Am I a good mother for Emily?
　ウ Is this a good job? Does Emily want to be a nurse?
　エ What makes Emily happy? Do I need much money?

□(4) [適語記入] 本文の内容に合うように，文中の(ⓐ)〜(ⓒ)に入る最も適当な登場人物の名前を英語で書きなさい。(10点×3)

　　　　　　　　　ⓐ ＿＿＿＿＿＿　　ⓑ ＿＿＿＿＿＿　　ⓒ ＿＿＿＿＿＿

□(5) [内容説明] 文中の下線部④I will be like flowers について，Lisa はなぜこのように思ったのか。その理由を述べている次の文の＿＿に適当な日本語を入れて，文を完成させなさい。

(20点)

花は人に希望を抱かせ，そして ＿＿＿＿＿＿＿＿＿＿＿＿＿＿＿ から。

入試攻略Points
(解答→別冊 p.14)

◆日本文に合う英文になるように，( )内に適当な語を入れなさい。
(1) その歌は彼女を幸せにしました。　The song (　) (　) happy.
(2) 私はあなたをケンと呼びましょう。　I'll (　) you Ken.

入試重要度　A **B** C

一枚の絵

解答 ➡ 別冊 pp.14 ～ 16

時間 **30**分
合格点 **80**点
得点　　　点

1 次の英文を読んで，あとの問いに答えなさい。　　　　〔東京一改〕

　　Greg was fourteen years old and liked to draw pictures. He went to a park near his house every Sunday to draw. He added color only for special pictures because he didn't have much paint. One Sunday, he went to the park to finish a picture for a contest. He decided to use the last paint he had. He thought, "I have to finish it today to be in time for the contest." In the park, he saw an old woman. She was sitting on a bench and looking at a photo. He thought, "I've seen her there before." Then he said, "Hello." She said, "Hello, oh, you sometimes draw pictures here." He wanted to talk with her more and said, "My name is Greg Miller. You were looking at a photo." She said, "Yes. My name is Karen Foster. This is my grandson, Edward. He lives in another country." She showed him the photo and said, "His parents sent it to me. I have seen him only once. It was three years ago. I want to see him again." Greg wanted to do something for her and said," I'll draw a picture of you and Edward." She said, "You're kind." He said, "You can keep sitting there. Please hold that photo in your hand and look at me." He sat down near her and began drawing a picture with a pencil.

　　Ms. Foster said, "I have a photo studio. When Edward was born, I closed it for two weeks and went to see him. I took many photos of him. Now I can't take a photo of him or feel him in my arms." Greg finished drawing and showed her the picture. She said, "Wow! This is a heart-warming picture! I like it very much." In the picture, Edward was sitting on her lap. She said, "I can feel Edward on my lap. I'm really happy." He thought, "I draw pictures because I like to draw them. And my pictures can make people happy. <u>That is a wonderful thing</u>. I'll add color to this picture. She'll be happier." But soon he thought, "If I do that, I will have to give up the contest." When he saw her smile, he knew what to do. He said, "I'll add color to it. It's getting dark, and it'll take a few hours. Will you meet me here again next Sunday?" She said yes.

　　The next Sunday, Greg met Ms. Foster again in the park. He finished adding color to the picture there and gave it to her. She said, "Thank you, Greg. I really like this picture. It makes me happy. Please keep drawing pictures which make people happy. You can do that." Then she gave him something. He was surprised and opened it. It was a box of paints. He said, "Thank you, Ms. Foster. I'll never forget your words. I'll try."

　　A few weeks later, when Greg went out, he saw some people in front of a photo studio. They were looking at something in its show window. When he came near the studio and saw its name, he knew it was Ms. Foster's. An old man said to him, "This picture makes me happy. I remember my grandson." Greg looked at the picture there and was surprised. It was his picture. It was on a table, and there was a message by it. He read the message and became happy. It was "I'm happy to be with my grandson." When he went home, he saw the box of paints from Ms. Foster on his desk. He held the box of paints and remembered her words in

1 時間目
2 時間目
3 時間目
4 時間目
5 時間目
6 時間目
7 時間目
8 時間目
9 時間目
10 時間目
11 時間目
12 時間目
13 時間目
14 時間目
15 時間目
総仕上げテスト

the park. He thought, "I gave up the contest then, but I learned a wonderful thing from her. I'll try the contest next year."

> **words** draw 描く   add 加える   paint 絵の具   be in time for 〜 〜に間に合う
> bench ベンチ   grandson 孫息子   studio スタジオ   heart-warming 心温まる
> lap ひざ

□ (1) ［適語記入］下線部 That is a wonderful thing. の内容を，次のように書き表すとき，　　　の中に入る適当な1語を書きなさい。(20点)　　　　　　　　　　（　　　　）

It is a wonderful thing to be able to make people happy through my 　　　.

差がつく (2) ［内容説明］次の①〜③の文を，本文の内容と合うように完成するには，　　　の中に，それぞれ下のどれを入れるのがよいか。記号で答えなさい。(20点×3)

□ ① When Greg was drawing a picture with a pencil, Ms. Foster was 　　　.

　　ア talking to him about Edward's parents

　　イ talking photos in the park

　　ウ holding Edward's photo in her hand

　　エ looking at his picture　　　　　　　　　　　　　　　　　　（　　　　）

□ ② Greg thought, "I will have to give up the contest if I 　　　."

　　ア go to the park every Sunday to meet Ms. Foster

　　イ use the last paint I have for Ms. Foster

　　ウ talk with Ms. Foster more

　　エ give a picture for the contest to Ms. Foster　　　　　　　（　　　　）

□ ③ The thing in the show window was a picture of 　　　.

　　ア a table and a message　　　イ Ms. Foster and Edward

　　ウ the box of paints from Ms. Foster

　　エ an old woman and Greg　　　　　　　　　　　　　　　　（　　　　）

□ (3) ［内容真偽］本文の内容と合っているものを，次のア〜エから1つ選び，記号で答えなさい。

(20点)（　　　　）

　　ア When Greg saw Ms. Foster in the park and said hello, she knew his name.

　　イ Ms. Foster looked at Greg's picture and said she couldn't feel Edward in her arms.

　　ウ Greg finished a picture for Ms. Foster in one day and gave it to her.

　　エ Greg had to give up the contest, but he decided to try for it next year.

📖 **入試攻略 Points**
(解答→別冊 p.16)

◆日本文に合う英文になるように（　　）内に適当な語を入れなさい。

(1) 彼女は部屋を掃除し続けている。　She （　　）（　　）her room.

(2) 私はピアノをひくことを楽しみます。　I （　　）（　　）the piano.

15 時間目

入試重要度 A **B** C

ホープ・ソープ・プロジェクト

時間 **30**分
合格点 **80**点
得点　　　点

解答 ➡ 別冊 pp.16 〜 17

〔岩手一改〕

1 次の英文は，南アフリカ (South Africa) で，世界保健機関 (WHO) が石けん (soap) について行ったプロジェクト (project) について述べたものである。これを読んで，あとの問いに答えなさい。

Have you ever heard about "Hope Soap"? It's the name for a project that WHO started in 2013. They gave transparent soap bars to children in the poorest part of South Africa. Children there suffered from diseases like cholera and diarrhea. Those children lived by a lot of trash and also didn't have the ［ ① ］ of washing their hands. At that time many people died of those infectious diseases.

Before this project started, WHO tried to find a good and easy way to solve the problem. Medicine and food were not the biggest factors to solve it. They knew that hand washing was more important than medicine or food. They also knew that the children would not use normal types of soap. Finally, they found the solution. That was ②the "Hope Soap" project.

The soap bars had small toys or figures of characters inside. The children could see the toys or the figures because the soap was transparent. The children had to wash their hands many times to get the toys inside the soap. So the children washed their hands many times every day. They also started to wash their faces and bodies. WHO said that the rate of the infectious diseases among those children fell a lot. Hand washing is an ［ ③ ］ and important thing to do, but those children never did it before this project. Now, they enjoy playing with the toys and figures and learned that it is very important to wash their hands.

"Hope Soap" gave another hope to people. Two years later, some seniors started making the soap bars with the help of an NPO. For every soap bar, about 1 dollar goes to the NPO. They got the chance to get a little money. They are also happy to do something for other people.

④This project has changed people in good ways. If you think about a problem from a different point of view, you will find a solution. A small idea can be a solution to a problem. Small things may make things better in your daily life. There are many people who need help around you. ⑤What can you do for them in your daily life?

words transparent　透明な　　bar(s)　固形　　disease(s)　病気
cholera and diarrhea　コレラや下痢　　trash　ゴミ　　die(d) of 〜　〜が原因で亡くなる
infectious　感染性の　　solve　解決する　　factor(s)　要因　　normal　普通の
figures of characters　キャラクターの人形　　inside　内部に　　rate　率
senior(s)　高齢者　　NPO　非営利組織　　point of view　見方　　daily　日常の

月　　日

1 時間目
2 時間目
3 時間目
4 時間目
5 時間目
6 時間目
7 時間目
8 時間目
9 時間目
10 時間目
11 時間目
12 時間目
13 時間目
14 時間目
15 時間目
総仕上げテスト

□(1) [適語補充] 文中の ① に入る最も適当な英語を，次の**ア〜エ**のうちから1つ選び，その記号を書きなさい。(10点) （　　　）

ア custom　　**イ** design　　**ウ** diary　　**エ** waste

□(2) [内容説明] 文中の下線部②the "Hope Soap" project について，本文で述べられていることは何か。次の**ア〜エ**のうちから最も適当なものを1つ選び，その記号を書きなさい。

(10点)（　　　）

ア WHO gave a lot of food and drink to children in South Africa.

イ WHO gave medicine for infectious diseases to children in South Africa.

ウ WHO gave soap bars which have toys inside to children in South Africa.

エ WHO gave a little money to children in South Africa to buy soap bars.

□(3) [適語補充] 文中の ③ に入る最も適当な英語1語を，本文中から抜き出して書きなさい。(20点)

_____

□(4) [内容説明] 文中の下線部④This project has changed people in good ways. について，その内容を示すものは何か。次の**ア〜エ**のうちから最も適当なものを1つ選び，その記号を書きなさい。(10点) （　　　）

ア Children got toys and money by washing their hands with old people.

イ Children and old people washed their hands hard and they got healthy.

ウ Children and old people got richer by making bars of soap together.

エ Children got healthy by washing their hands and old people got a job.

□(5) [条件英作] 文中の下線部⑤What can you do for them in your daily life? について，あなたができることを1つ，英語の文で書きなさい。(20点)

_____

(6) [適語記入] 本文の内容について，次の①〜③の質問に英語で答えなさい。(10点×3)

□① When was the "Hope Soap" project started by WHO?

— It _____ _____ in _____ .

□② Did the children in the poorest part of South Africa wash their hands a lot before the "Hope Soap" project started?

— _____ , _____ _____ .

□③ What did some seniors start two years after the "Hope Soap" project?

— They started _____ _____ _____ _____ .

📖 入試攻略Points
（解答→別冊 p.17）

◆日本文に合う英文になるように（　　　）内に適当な語を入れなさい。

(1) エベレストは世界で最も高い山です。

Mt. Everest is （　　　）（　　　）（　　　） in the world.

(2) 彼はその知らせを聞いて悲しみました。

He was sad （　　　）（　　　） the news.

総仕上げテスト ①

時　間 **40**分
合格点 **80**点

得点

点

解答➡別冊 pp.17 ～ 19

1 次の英文を読んで，あとの(1)〜(5)までの問いに答えなさい。　〔愛知—改〕

　　In Japan, we can always get food, water and clothes, and take trains or buses to schools or hospitals. We think it is natural to do these things. But people in many other counties can't do these things like us. About 150 countries are delayed in industry and technology. And the people in those countries have to live with only about 100 or 200 yen each day. Those countries are (　A　) developing countries and about 80% of the people in the world live there.

　　There are many problems in developing countries. People in some parts of the countries can't get water in their houses and have to walk for a (　①　) time to get water. Many babies die because there are no hospitals near their houses. And many people can't go to schools and can't read or write. So they are very disadvantaged when they try to get jobs.

　　Japan sells many products and technologies to developing countries. From those countries Japan buys natural resources which are used for our industry and food which is needed for our lives. So developing countries and Japan are important partners. ②(make / supporting / can / those / countries / in the countries / the lives) better. And it is also good for industry and lives in Japan.

　　Japan spends a lot of money to support developing countries and sends a lot of volunteers to work there. It is important for Japan to do these things for those countries as a partner. And it is also important for us to think about the things we can do.

　　There are many things that each of us can do to support developing countries. Let's take one example. If you make mistakes on a postcard, what will you do? Don't throw it away. It is still useful. Some groups do volunteer activities by (　B　) those postcards to get some money for developing countries. In one developing country, one child can go to school for a year with 280 of those postcards. You may think it is difficult to support developing countries in Japan. But there are many activities that people can do for them.

> **words**　be delayed　おくれている　　industry　産業　　technology　技術
> developing country　発展途上国　　disadvantaged　不利な　　product　製品
> natural resources　天然資源　　partner　パートナー
> make mistakes on a postcard　はがきを書き損じる　　throw ～ away　～を捨てる

□(1)（　A　），（　B　）にあてはまる最も適当な語を，次の5語の中から選んで，正しい形にかえて書きなさい。(5点×2)

like	collect	walk	call	wear

A _____　　　B _____

□(2) （　①　）にあてはまる最も適当な語を書きなさい。(10点)

_____

□(3) 下線②の文が，「それらの国々を支援することは，その国々の生活をより良くできる。」となるように，（ ）内の語句を正しい順序に並べかえなさい。ただし，文頭にくる語は大文字で始めなさい。(10点)

_____

□(4) 本文の内容について，次の会話が成り立つように，（　ⓐ　），（　ⓑ　）のそれぞれにあてはまる最も適当な語を書きなさい。(5点×2)

A : What does Japan buy from developing countries?

B : Japan buys natural resources used for our industry and food （　ⓐ　） for our （　ⓑ　）.

ⓐ _____　　ⓑ _____

□(5) 次のア～エの中から，その内容が本文に書かれていることと一致するものを1つ選んで，記号で答えなさい。(10点)　　　　　　　　　　　（　　　）

ア People in developing countries can get food and clothes and take trains or buses like us.

イ Taking babies to a hospital is easy for people in developing countries.

ウ A lot of Japanese people go to developing countries to work as volunteers.

エ If you make mistakes on a postcard, you should throw it away soon.

2 次の英文は，アメリカからの留学生のトム(Tom)と中学生の由紀(Yuki)との公園を歩きながらの会話である。この英文を読んで，あとの問いに答えなさい。

〔静岡―改〕

Tom : Oh, this is great! A lot of cherry blossoms are falling on us.

Yuki : Wow! This is very beautiful *hana-fubuki*.

Tom : What （　ⓐ　） you say? Hana-what? I know hana means 'blossom.'

Yuki : I said *fubuki*. *Fubuki* is 'snow in the wind.' Cherry blossoms ①(sky, falling, the, look, from) like snow in the wind, so we call it *hana-fubuki*.

Tom : Oh, I see. I've learned a new Japanese word. Thank you, Yuki.

Yuki : You're welcome. Oh, ____A____, is this your first time to see cherry blossoms?

Tom : No. I've seen them in Washington, D.C. There are many cherry trees there.

Yuki : Really? （　ⓑ　） are they in Washington, D.C.?

Tom : Because the city of Tokyo sent about 3,000 cherry trees to Washington, D.C. Well, ____B____ ... I think it was in 1912. Those cherry trees were a sign of friendship between Japan and America.

Yuki : I didn't know that.

Tom : After some years, the Cherry Blossom Festival began in Washington, D.C. When I was a child, my parents took me to the festival every spring.

Yuki : I see. ［　②　］

Tom : OK. The festival is two weeks long. Many people visit the festival, and they enjoy beautiful cherry blossoms and many festival events.

Yuki : Are there any events about Japan?

Tom : Oh, yes. People from Japan show us old and new things about Japan. *Kimono*, *ikebana* and video games, ［　**C**　］. We can learn about Japanese culture.

Yuki : That's nice. The festival sounds fun.

Tom : It really is. ③You'll believe it if you visit Washington, D.C. and join the festival.

words　cherry 桜　　blossom(s) 花　　Washington, D.C. ワシントン市　　sign しるし
friendship 友好　　event(s) 催し

□(1) （　ⓐ　），（　ⓑ　）にあてはまる最も適当な語を，次の**ア〜エ**からそれぞれ1つずつ選び，記号で答えなさい。(5点×2)　　　　　　　ⓐ（　　　）　ⓑ（　　　）

　ⓐ **ア** did　　　**イ** do　　　**ウ** will　　　**エ** would

　ⓑ **ア** What　　**イ** When　　**ウ** Where　　**エ** Why

□(2) 下線部①の（　）内の語を正しく並べかえなさい。(7点)

_____

□(3) 本文中の **A〜C** の □ に入る最も適当なものを，それぞれ次の**ア〜エ**から1つ選び，記号で答えなさい。(5点×3)　　　　　**A**（　　　）　**B**（　　　）　**C**（　　　）

　ア for example　　**イ** by the way　　**ウ** first of all　　**エ** let me see

□(4) 本文中の ［　②　］ で，ユキはトムの話している祭りについて，もっと知りたいという気持ちを伝えている。その気持ちを表現する英文を書きなさい。(8点)

_____

□(5) 下線部③と同じ内容を表す英文として，次の**ア〜エ**の中から最も適当なものを1つ選び，記号で答えなさい。(10点)　　　　　　　　　　　　　　　（　　　）

　ア You'll need a lot of time to understand the festival better.

　イ Washington, D.C. is one of the best cities to enjoy cherry blossoms.

　ウ You should see the festival with your own eyes to know the fun of it.

　エ Visiting the festival is the best way to know about Washington, D.C.

総仕上げテスト ②

1 次の英文は，博(Hiroshi)が，食料自給率(food self-sufficiency rate)について，グラフ(Graph)と表(Table)を作り，英語の授業で発表したときのものである。これを読んであとの問いに答えなさい。 〔岐阜—改〕

I made *okonomiyaki* with my mother last week. While we were cooking, she said, "Do you think *okonomiyaki* is Japanese food?" I answered, "Of course!" Then she said, "You are right, but some of the ingredients come from other countries. For example, the pork and the shrimps that we're using now are imported from overseas. We depend on foreign countries for a lot of ingredients." Then I remembered the word 'food self-sufficiency rate'. I learned at school that Japan's food self-sufficiency rate is less than half.

Then, where does the food we eat come from? Look at the two graphs first. You can see that we import pork and shrimps from these countries. The left graph shows that about half of pork is imported from America and Canada. When you look at the right graph, you can see shrimps come from some countries in Asia. I was surprised that we import them from so many different countries.

Now look at the table. This is about the food self-sufficiency rate of four countries in 1963 and 2013. You can see that the food self-sufficiency rate of Canada is the highest both in 1963 and 2013. And in 2013, the rate of France and America is about the same, though the rate of America is higher than the rate of France in 1963. When you compare the rate in 1963 and 2013, only the rate of Japan gets smaller from 1963 to 2013. The table shows that Japan imports about 60% of food from foreign countries in 2013. If we cannot import any food, we may have a difficult time.

I thought *okonomiyaki* was 'Japanese' food. But you can also say it is '(①)' food. I guess there are many other things we import. So when you go to a supermarket next time, why don't you check where they come from?

Graph

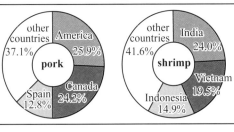

Table

Country	1963	2013
A	161%	264%
B	120%	130%
C	98%	127%
D	72%	39%

words ingredient 材料　pork 豚肉　shrimp エビ　import 輸入する
Vietnam ベトナム　Indonesia インドネシア

□(1) Table の C に入る最も適切なものを，**ア～エ**から 1 つ選び，記号を書きなさい。(10点)

(　)

ア America 　 **イ** Canada 　 **ウ** France 　 **エ** Japan

(2) 次の①，②の文を，本文の内容と合うように完成するには， ＿＿＿＿ の中に，それぞれ下の**ア～エ**のうちどれを入れるのがよいか。記号を書きなさい。(10点×2)

□① Hiroshi ＿＿＿＿＿＿.

ア thought *okonomiyaki* was not kind of Japanese food when he was cooking it with his mother last week

イ didn't know how to cook *okonomiyaki*, so he told his mother to cook it

ウ said that when we go to the supermarket, we should check where the ingredients for our food are made

エ believes that food should be made in Japan, not in foreign countries, because Japanese food is safe

(　)

□② We can say "＿＿＿＿＿＿" from Hiroshi's speech.

ア Japan imports both pork and shrimps from America.

イ Of the four countries, only one country's food self-sufficiency rate is decreasing from 1963 to 2013.

ウ Japan must stop importing food from abroad to protect Japanese food.

エ We should buy more Japanese products to solve the problem of food self-sufficiency rate in Japan.

(　)

□(3) 本文中の(①)に入る最も適切なものを，**ア～エ**から 1 つ選び，記号を書きなさい。(10点)

(　)

ア delicious 　 **イ** expensive 　 **ウ** fast 　 **エ** international

□(4) 本文の内容に合っているものを，**ア～エ**から 1 つ選び，記号を書きなさい。(10点)

(　)

ア Hiroshi found that Japan imports pork and shrimps from many different countries.

イ Hiroshi learned about 'food self-sufficiency rate' from his mother.

ウ The right graph shows that we import about half of shrimps from Vietnam.

エ The table shows the percentage of pork and shrimps that the four countries import.

2 シールド工法(shield method)について書かれた次の英文を読んで，あとの問いに答えなさい。

〔栃木〕

"London Bridge Is Falling Down" is a famous song about a bridge which fell down many times. This bridge was built over a big river that goes through London. In the 19th century, the river was very useful for transporting things by ship. Every day there were many big ships with sails on the river. Many people gathered along rivers and 〔　　　　〕 cities like London.

There was one problem. When ships went under the bridges, the sails hit the bridges. So, there were only a few bridges over the river. People couldn't go to the other side of it easily. ┃ ア ┃ Then, some people thought of an idea to build a tunnel under the river. They made the tunnel with the "shield method." With this method, they could make a stronger tunnel because the tunnel was supported by pipes called "shield" from the inside. Water didn't come into the tunnel, so the tunnel didn't break down easily. ┃ イ ┃

How did people find this way of building the tunnel? They found it from a small creature's way of making a hole in wood. ┃ ウ ┃ At that time, ships were made of wood. The creatures called *Funakuimushi* ate the wood of the ships and made some holes. When they eat wood, they put a special liquid from its body on the wall of the hole. When this liquid becomes hard, the holes become strong. ┃ エ ┃ In this way, people found the way to make tunnels strong.

Today, around the world, there are many tunnels under the sea and in the mountains. A small creature gave us the idea to build strong tunnels. We may get a great idea from a small thing if we look at it carefully. By doing so, we can make better things.

words transport 輸送する　ship 船　sail 帆　tunnel トンネル　pipe 筒
creature 生き物　hole 穴　wood 木材　*Funakuimushi* フナクイムシ　liquid 液体

□(1) 本文中の〔　　　　〕に入れるものとして，最も適切なものはどれか。(10点)
ア built　**イ** lived　**ウ** left　**エ** went　（　　）

□(2) 下線部の理由は何か。日本語で書きなさい。(20点)

_____

□(3) 本文中の ┃ ア ┃ ～ ┃ エ ┃ のいずれかに次の1文が入る。最も適切な位置をア～エから1つ選び，記号で書きなさい。(10点)　（　　）
People were so happy to have such a strong tunnel.

□(4) 本文を通して，筆者が最も伝えたいことはどれか。(10点)　（　　）
ア The song about London Bridge has been famous around the world.
イ It was hard for people in London to get to the other side of the river.
ウ A small creature called *Funakuimushi* likes to eat wood in the ships.
エ An idea from a small creature has improved the tunnels in the world.

39

試験における実戦的な攻略ポイント5つ

① 問題文をよく読もう！

問題文をよく読み，意味の取り違えや読み間違いがないように注意しよう。

選択肢問題や計算問題，記述式問題など，解答の仕方もあわせて確認しよう。

② 解ける問題を確実に得点に結びつけよう！

解ける問題は必ずある。試験が始まったらまず問題全体に目を通し，自分の解けそうな問題から手をつけるようにしよう。

くれぐれも簡単な問題をやり残ししないように。

③ 答えは丁寧な字ではっきり書こう！

答えは，誰が読んでもわかる字で，はっきりと丁寧に書こう。

せっかく解けた問題が誤りと判定されることのないように注意しよう。

④ 時間配分に注意しよう！

手が止まってしまった場合，あらかじめどのくらい時間をかけるべきかを決めておこう。解けない問題にこだわりすぎて時間が足りなくなってしまわないように。

⑤ 答案は必ず見直そう！

できたと思った問題でも，誤字脱字，計算間違いなどをしているかもしれない。ケアレスミスで失点しないためにも，必ず見直しをしよう。

受験日の前日と当日の心がまえ

前日

● 前日まで根を詰めて勉強することは避け，暗記したものを確認する程度にとどめておこう。

● 夕食の前には，試験に必要なものをカバンに入れ，準備を終わらせておこう。

また，試験会場への行き方なども，前日のうちに確認しておこう。

● 夜は早めに寝るようにし，十分な睡眠をとるようにしよう。もし翌日の試験のことで緊張して眠れなくても，遅くまでスマートフォンなどを見ず，目を閉じて心身を休めることに努めよう。

当日

● 朝食はいつも通りにとり，食べ過ぎないように注意しよう。

● 再度持ち物を確認し，時間にゆとりをもって試験会場へ向かおう。

● 試験会場に着いたら早めに教室に行き，自分の席を確認しよう。また，トイレの場所も確認しておこう。

● 試験開始が近づき緊張してきたときなどは，目を閉じ，ゆっくり深呼吸しよう。

英語長文・標準
最重点 暗記カード

メダカの変身

□① One day, their father _____ them _____ Mr. Tanaka's house.

ある日，彼らのお父さんは彼らを田中さんの家に連れて行きました。

- [ ] **look different**
- (ワンポイント) look ＋形容詞「〜のように見える」

□② He _____ say _____ then.

彼はそのとき何も言いませんでした。

- [ ] **As soon as**
- (ワンポイント) as soon as 〜「〜するとすぐに」 begin to ＋動詞の原形〜「〜し始める」

□③ She is watching them _____ _____ curiosity.

彼女は好奇心からそれらを観察しています。

- [ ] **a lot**
- (ワンポイント) a lot「たくさんのこと」 want to ＋動詞の原形〜「〜したい」

あきらめない気持ち

□④ He lived _____ _____ Sam's family.

彼はサム一家の隣に住んでいました。

- [ ] **are going to**
- (ワンポイント) are going to 〜「〜するだろう」＝ will 〜

□⑤ Bob _____ Sam _____ hit the ball.

ボブはサムにボールを打ってほしいと思っていました。

- [ ] **give up**
- (ワンポイント) give up「あきらめる」 <参考> give up 〜「〜を見限る，あきらめる」

□⑥ Sam didn't _____ _____ him.

サムは彼に耳を傾けませんでした。

- [ ] **do his best**
- (ワンポイント) do one's best「最善を尽くす」

ウォルト・ディズニーの生涯

□⑦ He _____ _____ when he was little.

彼は小さい頃に絵を描くことを始めました。

- [ ] **However**
- (ワンポイント) however「しかしながら」（逆説）

□⑧ He also _____ _____ at an art school at night.

また，彼は夜には美術学校で授業を受けていました。

- [ ] **never**
- (ワンポイント) never ＋動詞「決して〜ない」

□⑨ _____ this time, he learned about animation.

その間，彼はアニメーションについて学びました。

- [ ] **idea to**
- (ワンポイント) idea to 〜「〜する考え」

（切り取り線）

暗記カードの使い方

★ 入試に必要な英文法の最重要事項を例文として選びました。1枚ごとに6つの例文を練習していこう。

★ 解答はうら面の右端にあるので ✋ワンポイント を活用しながら、確認しよう。
確実に覚えていくことで、文法事項の要点をおさえることができます。

★ -----線にそって切り離し、パンチで穴をあけてカードにしよう。リングに通しておくと便利に使え、どこからでも学習が始められます。

★ 理解したら、□にチェックしよう。

メダカの変身

□ ① Our *medaka* and Mr. Tanaka's _____ _____ .

私たちのメダカは田中さんのものとは違って見えます。

□ **took, to**
✋ワンポイント
take A to B「A を B に連れて行く」

□ ② _____ _____ _____ Makoto and Emi finished lunch, they began to read Yukio's books.

マコトとエミは昼食を終えたらすぐに、ユキオの本を読み始めました。

□ **didn't, anything**
✋ワンポイント
not 〜 anything「何も〜ない」

□ ③ I want to learn _____ _____ about other fish, birds and animals.

私はほかの魚、鳥、動物についてたくさんのことを学びたいと思っています。

□ **out of**
✋ワンポイント
out of 〜「〜から」

あきらめない気持ち

□ ④ We'll try again and you _____ _____ _____ hit this ball.

もう一度やってみましょう、そうすればきみはこのボールを打つでしょう。

□ **next to**
✋ワンポイント
next to 〜「〜の隣に」

□ ⑤ Don't _____ _____ , Sam.

あきらめないで、サム。

□ **wanted, to**
✋ワンポイント
want A to 〜「A に〜してほしいと思う」

□ ⑥ He always tried to _____ _____ _____ .

彼はいつも最善を尽くそうとしていました。

□ **listen to**
✋ワンポイント
listen to 〜「〜を聞く」

ウォルト・ディズニーの生涯

□ ⑦ _____ , there was a big problem.

しかし、大きな問題が起こりました。

□ **start drawing**
✋ワンポイント
start 〜 ing「〜し始める」

□ ⑧ But Walt _____ gave up.

しかし、ウォルトは決してあきらめませんでした。

□ **took classes**
✋ワンポイント
take a class「授業を取る」

□ ⑨ Later, Walt had the _____ _____ build a larger park in another American city.

その後、ウォルトはアメリカの別の都市にもっと大きなパークを作るという考えを持ちました。

□ **During**
✋ワンポイント
during 〜「〜の間に」

□ ⑩ I visited you _____ _____ _____ _____ the library.

私は図書館に行く途中であなたの所を訪ねました。

☐ **Will you**
👆ワンポイント
Will you ～?「～します
か。」（勧誘・依頼）

□ ⑪ Your host mother showed it to you, _____ _____ ?

あなたのホストマザーはそれをあなたに見せてくれましたね。

☐ **sounds great**
👆ワンポイント　主語＋
sound＋形容詞「～に聞
こえる / ～に思われる」

□ ⑫ We'll _____ _____ wait for a long time to buy our tickets.

私たちはチケットを買うために長時間待たなければならないでしょう。

☐ **May[Can] I**
👆ワンポイント　May[Can]
I ～?「～してもよろしい
でしょうか。」May I ～?
のほうが丁寧な言い方。

□ ⑬ How _____ does _____ _____ _____ get to the beach by bus?

バスで海岸までどれくらい（時間が）かかりますか。

☐ **would like to**
👆ワンポイント
would like to ～
「～したいと思う」
口調をやわらげる表現。

□ ⑭ You can find it _____ _____ _____ after you pass a flower shop.

花屋を通り過ぎたら，あなたは右手にそれを見つけられます。

☐ **Go straight, turn right**
👆ワンポイント　straight
「まっすぐに」，turn「（～
へ）曲がる」

□ ⑮ You _____ _____ it.

見のがすことはありません。

☐ **in front of**
👆ワンポイント
in front of ～
「～の前に」

□ ⑯ Why _____ you _____ _____ our group?

あなたはなぜ私たちのグループに興味があるのですか。

☐ **from, to**
👆ワンポイント
from A to B
「A から B まで[へ]」

□ ⑰ We _____ very _____ when we get letters from the children.

私たちはその子どもたちから手紙をもらうとき，とてもうれしく感じます。

☐ **agreed with**
👆ワンポイント
agree with＋人「（人）と
意見が一致する／（人）
に賛成する」

□ ⑱ We can _____ the world _____ .

私たちは世界をより良くすることができます。

☐ **more, than**
👆ワンポイント
more ～ than ...
「…よりも～」

□ ⑲ _____ _____ , you can clean the river.

たとえば，あなたは川を掃除できます。

☐ **There are**
👆ワンポイント
There is[are など] ～ .
「～がある」

□ ⑳ Remember _____ _____ _____ on Sundays.

あなたが毎週日曜に何をしたか思い出しなさい。

☐ **enjoy playing**
👆ワンポイント
enjoy ～ ing
「～することを楽しむ」

□ ㉑ Takashi _____ study _____ long _____ his brother.

タカシは彼のお兄さんほど長く勉強はしません。

☐ **How about**
👆ワンポイント
How about ～ ?
「～はどうですか。」

電話での会話

- ⑩ _____ _____ go to the baseball game tomorrow with me?
  私といっしょに明日，野球の試合に行きますか。
  □ **on my way to**
  ワンポイント
  on one's way to ～
  「～への途中で」

- ⑪ That _____ _____ !
  それはすばらしいです。
  □ **didn't she**
  ワンポイント 付加疑問文。肯定文の後には否定の付加疑問をつける。「～ですね」と相手の同意・確認を求める。

- ⑫ _____ _____ speak to Taro, please?
  太郎とお話しできませんでしょうか。
  □ **have to**
  ワンポイント
  have to ～
  「～しなければならない」

道を尋ねる・道を教える

- ⑬ We _____ _____ _____ go to the beach this morning.
  私たちは今朝，砂浜に行きたいです。
  □ **long, it take to**
  ワンポイント How long ～?「どれくらい～」／ it takes (時間) to ... 「…するのに (時間) かかる」

- ⑭ _____ _____ two blocks from this hotel and _____ _____ .
  このホテルから2ブロックまっすぐ行って，右に曲がってください。
  □ **on your right**
  ワンポイント
  on one's right[left]
  「～の右側[左側]に」

- ⑮ The bus stop is _____ _____ _____ the flower shop.
  そのバス停は花屋の前にあります。
  □ **can't miss**
  ワンポイント
  miss ～
  「～を見のがす」

ボランティア活動

- ⑯ Our class cleaned the road _____ the station _____ the school.
  私たちのクラスは駅から学校までの道を掃除しました。
  □ **are, interested in**
  ワンポイント
  be interested in ～
  「～に興味がある」

- ⑰ I _____ _____ my mother.
  私は母と意見が一致しました。
  □ **feel, happy**
  ワンポイント
  feel＋形容詞
  「～の感じを覚える」

- ⑱ I began to read a newspaper _____ often _____ before.
  私は以前よりも頻繁に新聞を読み始めました。
  □ **make, better**
  ワンポイント
  make＋O＋形容詞
  「O を～にする」

時間の使い方

- ⑲ _____ _____ some differences between these two groups.
  これら2つのグループの間にはいくつかの違いがあります。
  □ **For example**
  ワンポイント
  for example「例えば」

- ⑳ Do you _____ _____ sports with your friends?
  あなたは友だちといっしょにスポーツをして楽しみますか。
  □ **what you did**
  ワンポイント
  動詞の目的語が wh 節となっている。

- ㉑ _____ _____ volunteer activities?
  ボランティア活動はどうですか。
  □ **doesn't, as, as**
  ワンポイント
  not as ～ as A
  「A ほど～ではない」

○	□ ㉒ Small words ＿＿＿＿＿ ＿＿＿＿＿ are important for communication. このような短い言葉はコミュニケーションにとって重要です。	□ **It, to** 🖐ワンポイント It is ～ to ... 「…することは～です」
	□ ㉓ I ＿＿＿＿＿ ＿＿＿＿＿ ＿＿＿＿＿ say many Japanese words. 私はたくさんの日本語を言う必要はありませんでした。	□ **when to** 🖐ワンポイント 動詞の目的語に when to ～「いつ～すべきか」がなっている。
	□ ㉔ I have just ＿＿＿＿＿ ＿＿＿＿＿ from America. 私はちょうどアメリカから戻ってきたところです。	□ **didn't, any** 🖐ワンポイント not ～ any ... 「何の…も～ない」

○	□ ㉕ I ＿＿＿＿＿ him ＿＿＿＿＿ he wanted to do in the future. 私は彼に将来何をしたいか尋ねました。	□ **It, for, to** 🖐ワンポイント It is ～ for A to ...「A にとって…することは～です」
	□ ㉖ ＿＿＿＿＿ enjoy cooking ＿＿＿＿＿ ! いっしょに料理を楽しみましょう。	□ **how to** 🖐ワンポイント how to ～「～するしかた／～する方法」
	□ ㉗ Cooking is ＿＿＿＿＿ ＿＿＿＿＿ ＿＿＿＿＿ fun. 料理はたいへん楽しいです。	□ **in my way** 🖐ワンポイント in one's way 「～の方法で」

○	□ ㉘ I ＿＿＿＿＿ ＿＿＿＿＿ Hokkaido two weeks ago. 私は2週間前に北海道に到着しました。	□ **don't have to** 🖐ワンポイント not have to ～ 「～する必要はない」
	□ ㉙ I've ＿＿＿＿＿ ＿＿＿＿＿ ＿＿＿＿＿ many students. 私はたくさんの生徒たちと友だちになりました。	□ **for the first time** 🖐ワンポイント for the first time 「初めて」
	□ ㉚ She looked ＿＿＿＿＿ ＿＿＿＿＿ surprised. 彼女は少し驚いたようでした。	□ **between, and** 🖐ワンポイント between A and B 「A と B の間に」

○	□ ㉛ ＿＿＿＿＿ ＿＿＿＿＿ ＿＿＿＿＿ your kind letter. あなたの心温まるお手紙ありがとうございます。	□ **at first** 🖐ワンポイント at first「最初は」
	□ ㉜ It was good to ＿＿＿＿＿ ＿＿＿＿＿ you. あなたからの便りはうれしかったです。	□ **has been to** 🖐ワンポイント 現在完了の経験。have been to ～「～に行ったことがある」
	□ ㉝ The leaves on the trees are falling ＿＿＿＿＿ ＿＿＿＿＿ ＿＿＿＿＿ . 木々の葉が次々に落ちてきます。	□ **have a good time** 🖐ワンポイント have a good time 「楽しい時間を過ごす」

(切り取り線)

スピーチ

□ ㉒ _____ is easy _____ get things that I need.

私が必要としているものを手に入れることは簡単です。

□ like this
ワンポイント
like 〜「〜のような」

□ ㉓ I didn't know _____ _____ start eating.

私はいつ食べ始めるべきかがわかりませんでした。

□ didn't have to
ワンポイント
not have to 〜
「〜する必要はない」

□ ㉔ American people _____ say _____ special words to finish eating.

アメリカの人々は食事を終えるときの特別な言葉を何も言いませんでした。

□ come back
ワンポイント
come back from 〜
「〜から帰ってくる」

職業意識

□ ㉕ _____ was exciting _____ me _____ study something new every day.

毎日新しい何かを勉強することは私にとってわくわくすることでした。

□ asked, what
ワンポイント
S＋動詞＋A＋what 節
「S は A に〜を…する」

□ ㉖ This was his way of learning _____ _____ cook Japanese food.

これは日本食の料理のしかたを学ぶ彼の方法です。

□ Let's, together
ワンポイント
Let's 〜.
「〜しましょう。」

□ ㉗ You must learn how to cook _____ _____ _____ first.

あなたは最初, 私のやり方で料理のしかたを学ばなければいけません。

□ a lot of
ワンポイント
a lot of 〜
「たくさんの〜」

日本と外国の比較

□ ㉘ They _____ _____ _____ clean their room.

彼らは部屋を掃除する必要はありません。

□ arrived in
ワンポイント
arrive in 〜
「〜に到着する」

□ ㉙ I cleaned my classroom with my classmates _____ _____ _____ _____ .

私は初めてクラスメイトと教室を掃除しました。

□ made friends with
ワンポイント
make friends with 〜
「〜と友だちになる」

□ ㉚ There are many differences _____ Japan _____ America.

日本とアメリカの間にはたくさんの違いがあります。

□ a little
ワンポイント
a little 〜「少し〜」

手紙文

□ ㉛ I didn't talk much _____ _____ .

私は最初はあまり話しませんでした。

□ Thank you for
ワンポイント
Thank you for 〜.
「〜をありがとう。」

□ ㉜ Her father _____ _____ _____ Japan.

彼女のお父さんは日本に行ったことがあります。

□ hear from
ワンポイント
hear from 〜「〜からの手紙をもらう」

□ ㉝ I think we can _____ _____ _____ _____ together.

私は私たちがいっしょに楽しい時間を過ごすことができると思います。

□ one after another
ワンポイント
one after another
「次々と」

移民の話	☐ ㉞ I _____ _____ a host family. 私はホストファミリーの家に滞在しました。	☐ **the number of** 👉ワンポイント the number of 〜 「〜の数」
	☐ ㉟ When I came back to Wakayama, I _____ my family _____ immigrants in Australia. 和歌山に帰ってきて、私は家族にオーストラリアの移民の話をしました。	☐ **More than** 👉ワンポイント more than 〜「〜以上」
	☐ ㊱ I _____ _____ know more about immigrants from Wakayama. 私は和歌山からの移民について、もっと知りたくなりました。	☐ **introduced, to** 👉ワンポイント introduce A to B「A を B へ伝える」
人との出会い	☐ ㊲ They hugged each other _____ _____ a word. 彼らは一言も言わないでお互いに抱き合いました。	☐ **took care of** 👉ワンポイント take care of 〜 「〜の世話をする」
	☐ ㊳ She began to feel unhappy and _____ _____ _____ . 彼女は悲しく感じてひとりごとを言い始めました。	☐ **glad to see [meet]** 👉ワンポイント to see[meet] は不定詞の副詞的用法で、glad の理由を示している。
	☐ ㊴ Flowers _____ people _____ . 花々は人々をより幸せにします。	☐ **each other** 👉ワンポイント each other 「お互いに」
一枚の絵	☐ ㊵ He finished _____ color _____ the picture there. 彼はそこで絵に色を加えることを終えました。	☐ **decided to** 👉ワンポイント decide to 〜 「〜することを決める」
	☐ ㊶ Please _____ _____ pictures which make people happy. どうぞ人々を幸せにする絵を描き続けてください。	☐ **in time for** 👉ワンポイント in time for 〜 「〜に間に合う」
	☐ ㊷ _____ _____ _____ _____ , when Greg went out, he saw some people in front of a photo studio. 数週間後、グレッグが外出したとき、彼は写真館の前に何人かの人々を見ました。	☐ **It's getting** 👉ワンポイント it は漠然と気候・天候などを表す。〈get＋形容詞〉で「〜になる」。
ホープ・ソープ・プロジェクト	☐ ㊸ Children there _____ _____ diseases like cholera and diarrhea. そこの子どもたちは、コレラや下痢などの病気に苦しんでいました。	☐ **Finally** 👉ワンポイント finally「ついに、最後に」
	☐ ㊹ _____ _____ _____ many people died of those infectious diseases. 当時は、これらの感染症で多くの人が亡くなっていました。	☐ **gave, to** 👉ワンポイント give A to B 「B に A を与える」
	☐ ㊺ WHO _____ _____ find a good and easy way to solve the problem. WHO はこの問題を解決するための良い、かつ簡単な方法を探そうとしていました。	☐ **many times** 👉ワンポイント many times 「何度も、何回も」

移民の話

□ ㉞ First, I found _____ _____ _____ immigrants from Wakayama in foreign countries.

まず，和歌山から外国に移住した人の数がわかりました。

☐ stayed with
👆 ワンポイント
stay with ~
「~の家に滞在する」

□ ㉟ _____ _____ 10,000 people lived in the United States.

アメリカには１万人以上の人が住んでいました。

☐ told, about
👆 ワンポイント
tell A about B「A に B のことを話す」

□ ㊱ They also _____ foreign cultures _____ Wakayama.

彼らはまた，外国の文化を和歌山へ伝えました。

☐ wanted to
👆 ワンポイント
want to ~「~したい」

人との出会い

□ ㊲ She _____ _____ _____ her flowers in the garden.

彼女は庭で花の世話をしました。

☐ without saying
👆 ワンポイント
without ~ ing「~することなしに」

□ ㊳ I'm _____ _____ _____ you.

あなたに会えてうれしいです。

☐ say to herself
👆 ワンポイント
say to oneself
「ひとりごとを言う，心の中で思う」

□ ㊴ They hugged _____ _____ without saying a word.

彼らは一言も言わないでお互いに抱き合いました。

☐ make, happier
👆 ワンポイント
make A B
「A を B にする」

一枚の絵

□ ㊵ He _____ _____ use the last paint he had.

彼は持っている最後の絵の具を使うことを決めました。

☐ adding, to
👆 ワンポイント
add A to B
「B に A を加える」

□ ㊶ He thought, "I have to finish it today to be _____ _____ _____ the contest."

彼は思いました，「私はコンテストに間に合うように今日それを仕上げなければならない。」と。

☐ keep drawing
👆 ワンポイント
keep ~ing「~することを保つ[続ける]」

□ ㊷ _____ _____ dark, and it'll take a few hours.

辺りが暗くなってきていますが，数時間はかかるでしょう。

☐ A few weeks later
👆 ワンポイント
a few「少数の」

ホープ・ソープ・プロジェクト

□ ㊸ _____ , they found the solution.

ついに，彼らは解決策を見つけました。

☐ suffered from
👆 ワンポイント
suffer from ~
「~に苦しむ」

□ ㊹ "Hope Soap" _____ another hope _____ people.

「ホープ・ソープ」は、人々にもうひとつの希望を与えました。

☐ At that time
👆 ワンポイント
at that time「当時」

□ ㊺ The children had to wash their hands _____ _____ to get the toys inside the soap.

子どもたちは石けんの中のおもちゃを手に入れるために，何度も手を洗わなければなりませんでした。

☐ tried to
👆 ワンポイント
try to ~
「~しようとする」

高校入試15時間完成

解答・解説

英語長文【標準】

1時間目　メダカの変身

解答 (pp.4〜5)

1
(1) ウ
(2) help
(3) エ
(4) イ
(5) ① visited　② surprised
　　③ children　④ what

解　説

1 (1)マコトが言った言葉なので，**イ**か**ウ**の選択になる。あとで，「私たちのメダカは白色じゃないわ」とエミが言っているので，**ウ**の「ぼくたちは同じ魚を飼っている。」が正解。

(2)本を読むことによって，父の助けなしで本から答えを探すことができると言いたかった。

(3)「マコトはそれについて妹にもっと説明をした。」メダカの色の変化についての話が空所**エ**の前後で続いているので正解は**エ**になる。

(4)**ア**「エミは自分も部屋でガラスの水そうにメダカを飼っていると言った。」→第3，4段落の内容と合わない。　**ウ**「タナカさんのメダカは敵を見たので，彼らの色を変えた。」→第8，9段落の内容と合わない。　**エ**「マコトは昼食前にエミと一緒に魚，鳥そして動物のことについて勉強した。」→第7段落の最初の文，第10段落の内容と合わない。　**イ**「エミは好奇心から長い間庭でメダカを見た。」→第4，5段落にあるので**イ**が正解。

(5)①本文第1段落に「マコトとエミを父のユキオがタナカさんの家に連れて行った。」とあるのでマコト，エミそして父のユキオがタナカさんの家を訪問したとなる。　②第3段落の真ん中に Emi was surprised と書いてある。　③ They went to Yukio's bookshelf の they はマコトとエミの二人。そのことからユキオの二人の子どもたちとなる。　④最終段落でユキオがマコトに「何をするべきかわかっているね。」と言って，マコトが「うん。」と答えているところから，マコトは何をするべきかわかったとなる。

注意　fish は複数形になっても s をつけない。ほかに deer，sheep などがある。
There are fish in the sea.「海に魚がいます」。

!ここに注意　a few と few
a few 〜 （2，3の〜）
few 〜 （ほとんど〜ない）

全文訳

　マコトにはエミという妹がいます。ある日，彼らのお父さんのユキオが彼らをタナカさんの家に連れて行きました。

　エミはそこでガラスの水そうを見ました。何匹かの小さな魚が水の中で泳いでいました。彼女はしばらくの間それらを見て，そしてタナカさんに「これらの魚は何というのですか？　それらはほとんど白色をしていますね。」と尋ねました。

　マコトは「それらはメダカだよ，合ってますよね？　ぼくたちも同じ魚を飼っています。」と言いました。タナカさんは「マコト君，正解だよ。」とマコトに言いました。エミは驚いて「それらは本当にメダカなの？　私たちのメダカは白色じゃないわ。」と尋ねました。彼らのお父さんはそのときは何も言いませんでした。

　家族が家に着いたとき，エミは家に入りませんでした。彼女は庭でダークブルー(濃い青色)の水ばちの中のメダカを長い時間ただじっと観察しました。そのメダカはダークグレイ(濃い灰色)でした。

　ユキオはマコトに言いました。「エミは好奇心からそれらを見ているね。私たちが何かを学ぶとき，好奇心は大切なんだよ。私たちのメダカとタナカさんのメダカは違っているように見えるんだ。彼女はただどうしてなのか知りたいだけなんだよ。」。

　マコトにはその答えがわかりませんでしたが，妹の手伝いをしたいと思いました。ユキオは自分の本棚を指さして，「エミと一緒に答えを見つけてごらん。君たちはそれらを使っていいよ。」と言いました。魚についての本がたくさんありました。

　マコトとエミは昼食を終えるとすぐにユキオの本を読み始めました。彼らはメダカについての本を2，3冊見つけました。マコトはそれらの1冊を読み，叫びました。「メダカは色を変えるんだ！」と。そのとき，ユキオが部屋に入って来ました。

　「色を変えるって？」とエミがマコトに尋ねました。彼は「そうだよ。環境に合わせてメダカはそうするんだ。タナカさんのガラスの水そうの砂の色を覚えているかい？　それは白だった。水そうのそばの壁も白

ひっぱると，はずして使えます。

1

だった。だから彼のメダカはほとんど白色になってたんだ。ぼくたちの水ばちはダークブルーで，その中の砂はダークグレイだ。だからぼくたちのメダカは濃い色をしているんだよ。」と言いました。

マコトはそれについてさらに妹に説明しました。「メダカが彼らの色を変えると，彼らの敵，例えば，鳥は空から彼らをよく見ることができないんだ。」と。エミはほほ笑んで，「私，やっと，わかったわ。」と言いました。ユキオはエミの言葉を聞いてうれしく思いました。

マコトは「メダカについてほかのことを知りたいな。またほかの魚，鳥そして動物についてたくさん知りたいな。」と言いました。エミは賛成しました。ユキオはマコトに「今，きみたちは何をするべきかわかっているね。」と言いました。マコトは「うん，わかってるよ。エミ，行こう！」と言いました。「どこに行くつもりなの？」と彼女は尋ねました。マコトは「図書館だよ。」と答えました。

入試攻略 Points

対策

(1)(I) **am studying** (English now.)
(2)(Tom) **was watching** (TV then.)
(1)現在進行形〈be 動詞の現在形＋動詞の ing 形〉
＝「今〜している」
(2)過去進行形〈be 動詞の過去形＋動詞の ing 形〉
＝「〜していた」

2 時間目 あきらめない気持ち

解答（pp.6〜7）

1 (1) b → a → c
(2) ア
(3)(A) **changed** (B) **flew**
(4)例 **サムが初めてボブが投げたボールを打ったこと。（22字）**
(5)(a) **stopped** (b) **liked**
(c) **important**

解 説

1 (1)bはクリスの本を読んでいるサムの絵。（第3段落の3文目） aはクリスの本を読んだあと，自分もクリスのように毎日練習しようと決めて外に出てバットの素振りをしているサムの絵。（第3段落の8，9文目） cはボブと練習しているとき，ボブのボールが打てたと母に話しているサムの絵。（第

5段落）
(2)ボブがサムに「もっと一緒に練習しよう」と言ったが，サムは言うことを聞かず帰ってしまったことからわかる。
(3)(A)クリスの本を読んでから再び野球の練習をし始める気持ちの変化があった。
(B)「〜の上を飛ぶ」＝ fly over 〜
(4) what happened は間接疑問。「何が起こったか」なので，直前の段落にあるようにサムがボールを打ったということを書く。
(5)(a)第3段落の最初の文「2人の少年は何日も練習しなかった」に注目する。 (b)第3段落の3文目の his favorite baseball player に注目する。 (c)「もっと練習することが大切だった。」It is 〜 to ... の構文なので〜には形容詞を入れる。

注意 want to 〜「〜したい」
〈want ＋人＋ to 〜〉＝「(人)に〜してほしい」
I want her to play the piano.「私は彼女にピアノをひいてほしい。」

!ここに注意 〈feel ＋形容詞〉＝「〜のように感じる」
I feel hungry.「おなかがすいたと感じる。」
I felt happy.「幸せと感じた。」

全文訳

サムは9歳でした。彼は野球が好きでしたが，上手にプレイできませんでした。そしてボールを打つことは彼にとってはとても難しいことでした。サムの親友はボブでした。彼はサムと同じぐらいの年齢で，サムの一家の隣に住んでいました。彼は野球が上手でした。彼はしばしばサムにボールの打ち方を教えました。彼らは何日も練習をしましたが，サムはまだボールを打てませんでした。

ある日，サムはボブに「ぼくは練習したくないよ。ぼくはたくさん練習しているけど，まだできない。」と言いました。ボブはサムにボールを打ってほしかったので，彼はサムにもっと一緒に練習をすべきだと言いました。しかしサムは彼の(言う)ことを聞かないで，彼はその日，家に帰って行きました。ボブは悲しく感じました。

2人の少年は何日も練習をしませんでした。そして野球について話しもしませんでした。しかしサムは野球が好きでした。ある夜，彼は彼の好きな野球選手についての本を読みました。彼の名前はクリスでした。サムはクリスが彼のチームの中で最も練習していたということを知りました。彼は「こんなに有名な選手でも毎日，練習するんだ。」とひとりごとを言いました。

その本はサムを変えました。彼は立ちあがって，家の外に出ました。彼はバットを振り始めました。

　そのとき，ボブは自分の部屋にいました。彼が窓から外を見たとき，彼はサムを見ました。彼は家の前で何度もバットを振っていました。ボブは窓を開けて「サム！ボールを打ちに行ってみよう！」と言いました。サムはすぐに答えませんでしたが，「うん。」とほほ笑んで言いました。彼らは家の近くの公園に出かけました。いくつかの明かりがあったので，公園は暗くありませんでした。彼らは練習し始めました。ボブがボールを投げて，サムがそれを打とうとがんばりました。彼らはこれを何回もしましたが，それでもサムは打てませんでした。彼らは止めませんでした。ボブはサムに「もう一度やってみよう。そうしたら，きみはこのボールを打つだろう。サム，あきらめるな。」と言いました。ボブはボールを投げました，それから興奮させることが起きました。ボールが彼の頭上を飛んだのでした。サムがボールを打ったのです！　彼らはとてもうれしくて泣き始めました。

　サムは家に帰り，彼の母に何が起きたのかを話しました。彼の母はいつも彼を見ていました。彼女は彼がボールを打てることを望んでいました。彼女は「それを聞いてうれしいわ。あなたたちは練習を一生懸命していたものね。」と彼に言いました。その夜，サムは顔に笑みを浮かべて寝ました。

　7年後，サムは高校生になりました。彼は彼の学校の野球部の一員でした。彼は上手にプレイはできなかったけれど一生懸命練習し，いつもベストを尽くそうとしました。

　今，彼は30歳になり，日曜日にボランティアとして子どもたちの野球チームの面倒をみています。彼は毎週日曜日，幸せに感じ，子どもたちに野球を教えるとき，彼は楽しい時間を過ごしています。彼らの中には上手な者もいれば，そうでない者もいます。そのチームの中には，ボールを捕ることができない少年が1人います。彼は一生懸命練習していますが，彼にとってボールを捕ることはとても難しいことなのです。サムはいつも彼に「あきらめるな！　一生懸命練習すれば，きみはボールを捕ることができるよ。」と言っています。

📖 入試攻略Points
対策
(1)(I) **have lived** (in Tokyo) **for** (ten years.)
(2)(He) **has been to** (Osaka.)
(3)(I) **haven't cleaned** (my room) **yet**(.)
現在完了は〈have〔has〕＋過去分詞〉の形。
(1)「ずっと〜している」で「継続」の意味を表す。
for 〜が期間を表している。

(2)「〜したことがある」で「経験」の意味を表す。
注意　「〜に行ったことがある」＝ have been to 〜
「〜に行ってしまった」＝ have gone to 〜
(3) not 〜 yet ＝「まだ〜ない」

3 時間目　ウォルト・ディズニーの生涯

解答（pp.8〜9）

1 (1)例 **別の会社がウォルトの作ったキャラクターと仕事仲間を彼から奪ったこと。**
　(2)**ウ，オ，カ**
　(3)**2**
　(4)① **He was born in 1901.**
　　② **Because he wanted to make many people happy.**
　(5)① 例 **I think he was great because he tried many times for his dream.**
　　② 例 **My dream is to be a tennis player. I practice tennis very hard with my friends every day.**

━━━━━━━━　**解　説**　━━━━━━━━

1　(1)下線部の直後の文に a big problem「大きな問題」についての具体的な説明が書かれている。
(2)**ア**第2段落3文目に，ウォルトが絵を描き始めたのは小さい頃からとあるので不一致。**イ**学校新聞のために写真を撮ったのではなく，漫画を描いたので不一致。第2段落4文目参照。**ウ**第2段落の最後の2文の内容と合致。**エ**ウォルトが会社を作ったのは友だちとではなく，兄とであるので不一致。第3段落1文目参照。**オ**第3段落7〜8文目と合致。**カ**第4段落1〜2文目と合致。**キ**ウォルトが2番目のパークを作ろうとしたのは日本ではなくアメリカ。第5段落の最後から2文目参照。**ク**最終段落の最後の文に，彼の会社は今でも素晴らしい映画を作り続けているとあるため，不一致。
(3)補充する文は「このキャラクターのおかげで，彼のスタジオはうまくいきました」という意味。キャラクターに関する話が述べられているのは空所2の前である。さらに，空所2の後も However の文を挟んでキャラクターの話が続いているので，2が適切。
(4)①第2段落1文目に Walt was born in 1901. とある。

Walt を He にして答える。②第5段落1文目参照。
because 以下にはウォルトがなぜ大きなパークを作
ろうと思ったかについての理由が述べられている。

全文訳

「すべての夢は，それを追求するための勇気があれば，
実現することができます」。これは私が好きなウォル
ト・ディズニーの言葉のひとつです。

ウォルトは 1901 年に生まれました。彼は絵を描く
ことと芸術が好きでした。彼は小さい頃に絵を描くこ
とを始めました。高校生の時には，学校新聞に載せる
漫画を描いていました。夜には美術学校で授業も受け
ていました。1919 年，ウォルトはアートスタジオで
の仕事を見つけました。この頃に，ウォルトはアニ
メーションについて学びました。自分でアニメーショ
ンを作りたいと思ったウォルトは最初の会社を設立し，
そこで短編映画を作りました。そのアニメーションは
人気がありましたが，彼の会社にはいくつか問題があ
りました。彼は会社を閉鎖しなければなりませんでし
た。

1923 年，ウォルトは兄と一緒に別のスタジオを始
めました。ウォルトは，人気のあるキャラクターを作
りました。このキャラクターのおかげで，彼のスタジ
オはうまくいきました。しかし，大きな問題が起こり
ました。別の会社が彼の作ったキャラクターと仕事
仲間をウォルトから奪ってしまったのです。しかし，
ウォルトは決してあきらめませんでした。彼は再び新
しいキャラクターを作りました。そして，そのキャラ
クターを音楽のついたアニメーション映画にしたとこ
ろ，多くの人に愛されました。それからも，ウォルト
はたくさんの新しいキャラクターを作りました。キャ
ラクターは，映画の中で動いたり，しゃべったりしま
した。どのキャラクターもかわいくて，人気者になり
ました。

その後，ウォルトは長いアニメーション映画を作る
ことを決めました。周りの人はそれは難しいと言いま
したが，ウォルトは自分と同僚ならできると信じてい
ました。そして，1937 年についに映画を作り終えま
した。この映画はとても人気となりました。ウォル
トは大金を手に入れました。彼は別の映画スタジオを

設立し，もっと多くのアニメーション映画を作るため
にそのお金を使いました。

また，ウォルトは，多くの人を幸せにしたいという
思いから，大きなパークを作るという考えを持ってい
ました。1955 年，ウォルトはアメリカで最初のパー
クをオープンしました。このパークは有名になり，そ
してまた人気を博し，今でも休暇で訪れる場所として
世界的に最も人気のある場所のひとつとなっています。
その後，ウォルトはアメリカの別の都市にもっと大き
なパークを作るという考えを持ちました。彼はその計
画に取り組みましたが，1971 年の開園を前に亡くな
りました。

ウォルト・ディズニーは 1966 年 12 月 15 日に亡く
なりましたが，彼の夢は今でも生き続けています。
彼の映画やパークは世界中の多くの人々に愛されてい
ます。彼の会社は素晴らしい映画を作り続けています。

📖 入試攻略 Points

対策

(1)(My house) **was built** (three years ago.)
(2)(English) **is spoken in** (many countries.)
(3)(This picture) **was drawn（painted）by**
(Bob.)
受け身は〈be 動詞＋動詞の過去分詞〉で「～され
る」という意味。
(1) build の過去分詞＝ built
(2) speak の過去分詞＝ spoken
(3) draw の過去分詞＝ drawn

---

4 時間目 電話での会話

解答（pp.10〜11）

1 **shall**
2 (1)**This**
(2)**for**
(3)**エ**
(4)②**イ** ④**ウ** ⑥**ア**
(5)**ア，オ**

解 説

1 Let's ～ .「～しましょう。」の文は Shall we ～?「～
しましょうか。」を使って書きかえ可能。よく出題
される。

全文訳

マリ：もしもし，ジャック。

ジャック：やあ，マリ。元気かい。

マリ：元気よ，ありがとう。ジャック，明日はひま？

ジャック：うん，マリ。でも，どうして？

マリ：ええと，野球の試合のチケットが３枚あるの。明日，私と私の兄のカズといっしょに野球の試合に行かない？

ジャック：もちろんだよ！　それはすばらしいね！日本では野球の試合に行ったことがないんだ。それに，きみのお兄さんにも会いたいしね。いつ，どこできみたちに会おうか。

マリ：デーゲームだから，八王子駅で１時に会いましょう。

ジャック：わかったよ。じゃあ，その時に。

2 (1)電話では，「私は～です。」と言うとき，I am～. ではなく，This is～. を用いる。

(2) Thank you for ～. =「～をありがとう。」

(3)その文の前半ではその映画が人気があるということが書かれているから，「多くの」人々がいると考えられる。

(4)②次に太郎が「それはすばらしいね。」と言っていることから考える。

④太郎はその映画は人気があるから早く行かなくてはならないと考えている。

⑥太郎に 1500 円持ってくれば十分と言われたことに対して，了解したことを表すあいづち。

(5)１番目の用件は待ち合わせの時間が早過ぎるのではないかということ。ジョンのセリフの５番目。２番目は映画を見るお金がいくら必要かということ。ジョンのセリフの６番目。

全文訳

太郎：もしもし？

ジョン：もしもし。ジョンです。太郎と話せますか。

太郎：太郎だよ。

ジョン：やあ，太郎。きみが今日の午後，ぼくの家に来てくれたって聞いたよ。

太郎：うん，図書館へ行く途中できみを訪ねたんだ。でも，その時，きみはいなかったね。

ジョン：ああ，ぼくは体育館で剣道をしていたんだよ。先週習いはじめたんだ。本当におもしろいよ。

太郎：それはすばらしいね。

ジョン：それから，メッセージをありがとう，太郎。

太郎：きみのホストファミリーのお母さんがそれをきみに見せてくれたんだね。

ジョン：うん，そうなんだ。でも，１時に待ち合わせたら，映画までに１時間以上あるよ。早過ぎると思わないかい。

太郎：そうは思わないな。その映画は今とても人気があるから，明日はそこにたくさんの人々がいるだろ

うね。チケットを買うために長い時間待たなくてはならないだろう。

ジョン：ああ，それは知らなかったな。わかったよ，それなら，１時に会おう。ところで，もう１つ聞くことがあるんだ。その映画を見るのにいくらお金が必要かな？　日本では１度しか映画に行ったことがないんだ。その時は，ぼくのホストファミリーのお母さんがぼくの分を払ってくれたんだ。

太郎：そうだね…。1500 円持ってくれば十分だよ。

ジョン：なるほど。どうもありがとう，太郎。じゃあ，明日。

> ⚠ **ここに注意**　**間投詞の well のいろいろな意味**
>
> 「おや，まあ」（驚きを表す）
> 「ええと，そうですね」（ためらい，疑いを表す）
> 「やれやれ」（安心，あきらめを表す）
> 「さて，ところで」（話しの続行，期待を表す）
> 　　　　　　　　　　　　　　　　　　など。
>
> 和訳するときはうまく使い分けよう。

📖 **入試攻略 Points**

対策

(1) **She showed you my message**(.)

(2)(My father) **bought me a new computer**(.)

(1)「(人)に(もの)を見せる」

＝〈show ＋人＋もの〉第 4 文型

＝〈show ＋もの＋ to ＋人〉第 3 文型

語群に to がないのでここでは第 4 文型。

(2)「(人)に(もの)を買う」は〈buy ＋人＋もの〉または〈buy ＋もの＋ for ＋人〉で表す。

5 時間目　**道を尋ねる・道を教える**

解答 (pp.12〜13)

1 (1) **How long does it**

(2) **summer**

(3) エ　(4) ウ

(5) ⓐ **swimming**

　　ⓑ **presents**

2 (1)①ウ　②エ　③ア　④オ

(2) ウ

━━━━━━━　**解　説**　━━━━━━━

1 (1)次に受付の人が「約 20 分」と答えているので，浜辺まででどのくらいの時間がかかるかたずねていると考える。

(2)一番暑い季節とはいつか。

(3)受付の人のセリフの１番目。ホテルからまっすぐ２区画進み，右に曲がり３区画歩いたところ。

(4)受付の人はどこで買い物をすればいいかとは聞いていない。浜辺の近くの店をたずねたのは和夫。和夫のセリフの３番目。

(5)ⓐ enjoy は目的語に動名詞をとることに注意。
ⓑ友だちに何を買ったのか。some があるので複数形になる。

全文訳

和夫：すみません。私は家族とこのホテルに滞在しています。私たちは今日の午前中に浜辺へ行きたいのです。どのようにしたらそこへ行けますか。

受付：少々お待ちください。ここにこの町の地図があります。ここが私たちのホテルです。浜辺へ行くためには市バスを使うことができます。これが浜辺へ行くためのバス停です。このホテルからまっすぐ２区画進み，右に曲がります。それから，３区画歩きます。バス停は花屋の前です。

和夫：バスで浜辺に着くまでにどのくらいの時間がかかりますか。

受付：20分ぐらいです。

和夫：浜辺の近くにお店はありますか。泳いだあとに友だちのためにプレゼントをいくつか買いたいんです。

受付：ええ，あります。その近くに大きな店があります。それらの店はとても人気がありますよ。

和夫：オーストラリアでは１月はとても暑いですね。私の町では，とても寒くて雪がたくさん降ります。

受付：まあ，本当ですか。それは興味深いですね。ここでは一番暑い季節なんです。それでは，よい１日をお過ごしください！

和夫：ありがとうございます。

2 (1)①女性が「郵便局？」と答えているので郵便局への行き方をたずねたと考える。
②直前の部分で sorry と言っているので，この女性は郵便局への行き方を知らないとわかる。
③男性が「わかりました。」と答えているので，アの「助けていただけますか。」が適切。
④雅子が最後に行き方の確認をしている場面。
(2)男性のセリフを見ると，郵便局への行き方は以下の通り。最初の角で左に曲がり，１区画行くと Baker Street に出るので，そこを右に曲がる。flower shop を過ぎると右側にある。

全文訳

雅子：すみません，郵便局への行き方を教えてもらえ

ますか。

女性：郵便局ですか。ええと，ごめんなさい。よく知りません。

雅子：そうですか，いいですよ。ありがとうございます…。

（しばらくして）

雅子：すみません。郵便局を見つけようとしているのです。助けていただけますか。

男性：わかりました。郵便局は…。ああ，そうだ。最初の角を左に曲がってください。ベーカー通りに出るまで１区画進んでください。ベーカー通りで右に曲がってください。花屋を過ぎると右側にそれを見つけることができます。見落とすことはありません。

雅子：わかりました。左へ曲がって，それから右へ曲がるんですね。

┌─────────────────────────┐
│ !ここに注意 **would like to ～ はていねいな言**
│ **い方。**
│ 意味は want to ～とほぼ同じだが，相手に与える
│ 印象がちがう。
│ I would like to drink some tea.
│ 「お茶を少々いただきたいのですが。」
└─────────────────────────┘

📖 **入試攻略 Points**

対策

Would you tell me how to (get to the theater?)
道をたずねるときの最も一般的な表現は，Will you tell(show) me how to get to ～？「～への行き方を教えてもらえますか。」。Will(Can) you ～？の代わりに Would you ～？や Could you ～？を用いるとていねいな表現になる。

6 時間目 ボランティア活動

解答（pp.14～15）

1 (1) Aウ　Bオ
(2) ① No, he didn't.
② 例 Because they are sending them to children in some foreign countries.
(3) 例 みんながまわりのものごとにもっと興味を持って何か新しいことに気づき，何かをやってみる。
(4) エ→イ→オ→ア→ウ

1 (1)**A** 続く文を読むと，以前にミツオが道路でご
みを見なかったのは，そのことに興味がなかったか
らだという母の考えがわかる。
　B ボランティアグループのメンバーの１人がミツオ
に初めて会ったときの会話。
(2)① 「ミツオはボランティアグループのことを新聞
から知ったか。」第３段落中ほど。
② 「なぜボランティアグループのメンバーはえんぴ
つやノートを集めているのか。」第３段落後半のタ
ナカさんの言葉。
(3)下線部は「私たちは世界をよりよくすることがで
きる」の意味。第４段落２，３文目の内容をまとめる。
(4)ミツオは帰宅後，母に清掃活動について話し（第
２段落１文目），そのあとで自分のまわりのものご
とに，より興味を持つようになった（第３段落１文
目）。ある日，ボランティアグループについて興味
深い記事をみつけた（第３段落３文目）。彼らと何か
をしたかったので，グループの事務所に行き（第３
段落５文目），今では日曜日にえんぴつやノートの
箱詰めを時々手伝っている（第３段落最後の文）。

全文訳

　ある日，私たちの学校で清掃活動がありました。私
たちのクラスは駅から学校までの道を掃除しました。
私が自転車で学校に来たとき，それほどどごみを見な
かったので，その道を私たちが掃除する必要はないと
思いました。しかし，作業を始めると，私は間違って
いたとわかりました。道沿いにそんなにたくさんのご
みがあるとは信じられませんでした。道を掃除し終え
たとき，ごみの袋はすべていっぱいでした。

　私は家に帰ったとき，母に清掃活動について話しま
した。私は，「道沿いにとてもたくさんのごみがある
ことがわかってとても驚いたよ。どうして以前はごみ
を見なかったのかわからないな。」と言いました。母
は「あなたはそのことに興味がなかったんだと思うわ。
ものごとを注意深く見ようとすれば，たくさんのいろ
いろなことに気づくでしょう。」と言いました。私は
母に同意し，私たちの町のごみにもっと興味を持つよ
うにしました。それから，私たちの町をきれいにしよ
うとしている人がいることに気がつきましたが，公園
やいくつかの道沿いにはまだたくさんのごみがありま
した。私は再び驚きました。

　その後，私はまわりのものごとにさらに興味を持つ
ようになりました。それで以前よりも頻繁に新聞や市
の情報誌を読み始めました。ある日，よい活動をして
いるボランティアグループについての記事を読みまし
た。私はその活動にとても興味を持ちました。私はそ

のグループの事務所に電話をかけて，土曜日にそこを
訪れました。事務所で，グループのメンバーの１人で
あるタナカさんは，私に言いました。「ミツオ，電話
をくれてありがとう。君に会えてうれしいよ。どうし
て私たちのグループに興味があるの？」私は答えまし
た。「ぼくは市の情報誌であなたがたのグループの記
事を読みました。ぼくにあなたがたといっしょにでき
ることがあればいいと思います。」タナカさんは，「そ
れはすばらしい。私たちは今えんぴつとノートを集め
てそれらを外国へ送っています。それらを必要とする
子どもたちがたくさんいます。その子どもたちから手
紙をもらうとき，とても幸せだと感じます。」と言い
ました。私がこのグループに加わる前は，えんぴつや
ノートがそんなに必要とされているとは思いませんで
した。今，私は時々事務所に行って，日曜日にえんぴ
つやノートを箱詰めするのを手伝っています。

　これらの経験から，私はいくつかの大切なことを学
びました。今では，私たちのまわりのものごとにより
興味を持つようになったとき，新しいことに気づくこ
とができると思います。何かをやってみましょう。も
しみんながそのようにしようとすれば，私たちは世界
をよりよくすることができます。

> **⚠ここに注意** **数えられないものがたくさんある**
> **ことを表すには much を使う。**
> garbage は一定の形がない物質名詞。たくさんあ
> るときは much garbage や a lot of garbage のよう
> に表す。また，いくらかあるときは some garbage
> と表す。

📖 **入試攻略 Points**
対策
(1)**which** (2)**who** (3)**that**
いずれも主格の関係代名詞。先行詞が人の場合は
who〔that〕，ものの場合は which〔that〕。人と動物
の場合は that を用いる。

7時間目　時間の使い方

解答（pp.16〜17）

1 (1)ⓐ **It** ⓑ **what**
　(2)**イ**
　(3)**there are some differences**
　　　between these two groups
　(4)**playing**
　(5)**ア**

(6) **ウ**

(7) ⓐ **longer** ⓑ **decide**

解　説

1 (1)ⓐ It is 〜 to ... は「…することは〜だ」の意味。
ⓑ「日本の若者が日曜日に**何を**するか」
(2)買い物とテレビ・ラジオ・新聞・雑誌にどれだけ
の時間を費やしているかをグラフより読み取る。
(3)「〜がある」は There are 〜 . の文。
(4)enjoy 〜 ing で「〜して楽しむ」の意味。
(5)do の過去分詞 done に注目。have never done「一
度もしたことがない」の意味の現在完了の文。
(6)**ア** グラフより，グループBはグループAよりも睡
眠時間は短いが学習時間は長い。
イ グループAの買い物とグループBの学習時間は同
じくらいではない。グループBの学習時間は１時間
以上ある。
エ スポーツに費やす時間は両グループで異なり，グ
ループBは約30分。また，両グループの人がスポー
ツが好きとは本文に書かれておらず，グラフからも
判断できない。
(7)ⓐグループAとグループBの学習時間を比べる。
ⓑ最後から２文目を参照。

全文訳

　あなたは日曜日にたいてい何をしますか。家で本を
読みますか，それともテレビを見ますか。買い物に行
きますか，それとも外で遊びますか。日本の若者が日
曜日に何をするかを知ることは興味深いことです。
　表を見てください。グループAの人は10歳から14
歳までで，グループBの人は15歳から19歳までです。
グループAとグループBの人は『睡眠』に最も長い時
間を使います。彼らは約９時間眠ります。彼らは『買
い物』と『テレビ，ラジオ，新聞，雑誌』に約３時間
半使います。
　しかし，これら２つのグループの間にはいくつかの
違いがあります。グループBの人はグループAの人よ
りも長い時間勉強しますが，１時間30分未満です。
あなたはそれで十分だと思いますか。グループAの人
がスポーツに使う時間はグループBの人がそれらに使
う時間よりも長いです。その差は約50分です。グルー
プBの人がスポーツに使う時間はとても短いです。あ
なたは友だちや家族とスポーツをして楽しみますか。
　ボランティア活動はどうですか。ボランティア活動
のための時間はとても短いです。もしあなたがボラン
ティア活動をしたいと思うなら，たくさんの種類のボ
ランティア活動をすることができます。たとえば，川
を掃除したり，小さい子どもたちに本を読んであげた

りすることができます。これらの活動をすると，たく
さんの人々とよいコミュニケーションがとれて，とて
も楽しい時を過ごせるでしょう。
　あなたが10歳から14歳だったとき，日曜日に何を
したかを思い出してください。さあ，高校時代にどの
ように日曜日を使うのかを決めてください。一度もし
たことがないたくさんのことができます。

!ここに注意　not as〔so〕〜 as ... は同じでない
ことを示す。
　２つのものを比べて同じくらいであることを示す
には as 〜 as ... の形。同じでないときは not など
の否定語をつけて not as〔so〕〜 as ... とする。「…
ほど〜でない」と訳すことを覚えておこう。

入試攻略 Points

対策

(1)**There is** (a computer in my room.)
(2)**There were** (five students in the classroom.)
(3)**There are** (seven days in a week.)
「〜がある〔いる〕。」は There is〔are〕 〜 . で表す。
〈〜〉に入る語が単数か複数か，また時制によって
be 動詞がかわる。

8時間目 スピーチ

解答 (pp.18〜19)

1 (1)①**イ** ②**エ** ③**ア** ④**イ**
(2)例 **I will talk about some of them.**
(3)ⓐ
(4)A **of** B **going** C **to** D **than**
(5)① **make** ② **fast** ③ **big**

解　説

1 (1)①継続の意味の現在完了の文。since =「〜から」
②「〜することが好きだ」は like to 〜または，like
〜 ing で表す。
③直前の文「彼らの英語は私にはとても速かった」
から「私は彼らが言ったことが理解できなかった」
と考える。
④食後に「ごちそうさま」と言うことから，「いた
だきます」は食事前。
(2)これから話すので will 〜 や be going to 〜 を使う。
「〜について話す」は talk about 〜，「それらのいく
つか」は some of them で表す。
(3)「私はそれはとても便利だと思う」it はそれより
前の内容を指すので何が便利だと言っているのかを

探す。

(4)**A** many kinds of 〜=「たくさんの種類の〜」

B 直前のbe動詞と直後のto より be going to 〜=「〜するつもりです」の意味。

C〈take ＋人＋ to ＋場所〉=「(人)を(場所)に連れていく」

D 比較級の文。

(5)①日本の学生は写真の中でピースサインを<u>する</u>。

②彼らの英語がとても<u>速</u>かった。

③アメリカではすべてのものがとても<u>大き</u>かった。

全文訳

【ホワイト先生のスピーチ】

　こんにちは，みなさん。私は3週間前に日本に来ました。私はそのときからたくさんのおもしろいことを見つけました。私はそれらのいくつかについて話します。

　最初は日本の言葉の「どうも」についてです。私はそれは「ありがとう」という意味であることを知っています。しかしある日，私はある先生に「こんにちは」と言うと，彼は「どうも」と言いました。私はとても驚きました。のちに私の友だちが「どうも」のいろいろな意味を教えてくれました。例えば，「ありがとう」「こんにちは」そしてときには「すみません」を意味します。これはとても便利だと思います。このように短い言葉がコミュニケーションには大切です。

　次に，必要なものを手に入れやすいということです。私は山梨で，飲み物，米，そしてときには卵などを売るたくさんの種類の自動販売機を見ました。日本にはたくさんのコンビニもあります。そこで何かを買ったとき，日本語をたくさん言う必要はありませんでした。しかし，私は今日本語を勉強しているので，日本語をもっと話したいと思います。

　最後はピースサインです。私は写真を撮るのが好きです。ある日の放課後，生徒たちの写真を撮ろうとしたとき，彼らは指でピースサインを作りました。昨日も別のクラスで同じことが起こりました。私は彼らが写真におさまるとき，どうしてピースサインをするのかわかりません。

　以上です。聞いていただいてありがとうございました。

【健二のスピーチ】

　こんにちは，みなさん。私はアメリカから帰ってきたばかりです。夏休みの間，私はベイカーさんの家族のところに10日間滞在しました。私はすばらしい時を過ごしました。今日，私はそこで見つけた3つのおもしろいことについてお話するつもりです。

　最初に，彼らの英語は私にはとても速かったです。

それで，彼らが言ったことが理解できませんでした。しかし私の周りの人々はとても親切でした。彼らはもっとゆっくり話そうとしてくれました。時々彼らは何かを私に話すために絵を使いました。私は彼らを理解するために，もっと一生懸命に英語を勉強しなければならないと思います。

　次に，すべてがとても大きかったです。ある日私のホストファミリーが私をハンバーガーショップへ連れていってくれました。私はハンバーガー1つとコーラのL1つを注文しました。私はコーラのLを見たとき，とても驚きました。コーラのLは日本のコーラのLよりもずっと大きかったのです。それは私の顔と同じくらいの大きさでした。

　3つ目に，私はいつ食べ始めて，食べ終わるべきかわかりませんでした。日本では私たちは食べる前に「いただきます」，食べたあとに「ごちそうさま」と言います。しかしアメリカでは，食べ始めと食べ終わりに特別な言葉を言いません。

　ありがとうございました。

---

①ここに注意 スピーチでは，First, 〜 . Second, 〜 . Third, 〜 . などの表現がよく使われる。

スピーチでは考えをまとめて順序立てて話すことが大切。よく使われる表現に慣れておこう。

　最初　Hello, everyone. Today I'll talk about 〜 .

　最後　That's all. Thank you for listening.

など。

📖 入試攻略Points

対策

(1)(Do you know) **what he did** (at that time?)

(2)(Please tell me) **when the next train will leave**(.)

疑問詞で始まる疑問文がほかの文の一部になっている文を間接疑問文という。(1)は What did he do at that time? という疑問文が Do you know 〜 ? の文の一部になっている。疑問詞のあとの文の形は肯定文と同じになる。=〈疑問詞＋主語＋動詞〜〉

9 時間目　職業意識

解答（pp.20〜21）

1 (1)①イ　②イ　③ウ
(2)① future
② interested
③ cook
(3)例 なぜ料理長が，自分の作った昼食を食べなかったのか。〔料理長が，ケンジの昼食を食べない理由。〕
(4)ア

解　説

1 (1)①ケンジが料理人になりたかった理由。第4段落最後の文 I'll become a cook. の直前にその理由が述べられている。
②料理学校の授業はどうだったのか。第5段落2文目。
③第8段落後半。
(2)①先生がケンジにたずねたこと。第2段落1文目。
②料理学校の体験入学のポスターを見て，ケンジはどう思ったか。be interested in 〜＝「〜に興味を持つ」
③体験入学に行った理由。第3段落最後から2文目。
(3)直前の第8段落1文目。
(4)It is 〜 to ... ＝「…することは〜だ」最後の段落に話し手の考えがまとめられている。

全文訳

今日私は約15年間知っている男の人のことをあなたたちに話しましょう。彼は私の生徒の一人で，名前をケンジといいます。

彼が17歳だったとき，私は彼に将来何をしたいのかをたずねました。彼は何も言えませんでした。

ある日彼は料理学校のポスターを見つけました。それには，「今度の土曜日に体験入学を行います。いっしょに料理をして楽しみましょう！」と書いてありました。彼は料理に興味を持っていて，家族のために何度も料理をしました。それで，彼はそこへ行きました。

学校の生徒たちは彼を歓迎しました。彼はそこでとても楽しい時間を過ごしました。彼らといっしょに料理をし，その料理を楽しんだからです。彼は，「料理はとても楽しいな。もしぼくが料理人になったらいろいろな種類の料理が作れる。おいしい料理は人々を幸せにできる。ぼくは料理人になろう。」と思いました。

彼は高校を終えて，料理学校へ行きました。授業はとても難しかったけれど，彼にとって毎日何か新しいことを勉強することはわくわくすることでした。彼は

料理人になるためにそこで一生懸命勉強しました。

料理学校での勉強を終えたあと，彼はこの町にやってきました。彼は日本料理レストランで働き始めました。最初の年，彼は食器を洗うだけでした。彼は食器を洗っているとき，時々ほかの料理人がすることを観察しました。これが日本料理の作り方を学ぶ彼のやり方でした。

2年目のある日，料理長が彼に昼食を作るように命じました。ケンジは驚きました。料理長は，「私はきみがどのように料理するかを見よう。そして，もしきみの昼食がおいしかったら，ほかの料理人を手伝ってもいいよ。」と言いました。彼はケンジがどう料理するかを見ました。

彼は料理し終えましたが，料理長はその昼食を食べませんでした。ケンジはどうして食べないのかを尋ねました。「きみは今日は最善をつくしたし，料理学校で一生懸命勉強したと思うよ。だが私のやり方で料理しなかった。きみが悲しいと感じているのはわかるが，ここにいる料理人たちみんなにいい料理人になってほしいのだ。きみはまず，私のやり方で料理のしかたを学ばなければならない。その後，好きなように料理することができる。急ぐな。時間はたくさんある。」

ケンジは働いているとき，たくさんの困難に直面しました。彼にとってそれらを克服するのは難しい時もありましたが，彼は決してあきらめずにいい料理人になりました。

⚠ここに注意　not 〜 any は「まったく〜ない」という意味。no を使ってほぼ同じ意味の文に書きかえることができる。
He couldn't say anything. 「彼は何も言えなかった。」＝ He could say nothing.

📖 入試攻略 Points
対策

(1)**It** (is fun) **to swim** (in the sea.)
(2)(Is) **it** (important) **for** (children) **to read** (books?)
〈It is 〜 for ＋人＋ to ....〉の構文。to ... を主語にして「人が…することは〜だ」とし，It は訳さない。〈for ＋人〉のない〈It is 〜 to ....〉＝「…することは〜だ。」の形も使われる。(1)は To swim in the sea is fun. のように書きかえられる。

10 時間目 日本と外国の比較

解答 (pp.22～23)

1 (1) ア
(2) 例 授業が終わってから，生徒たちが教室を掃除しはじめたこと。
(3) ① who〔that〕clean / to clean
② Japanese
(4) ① エ ② イ
(5) ① 例 Where do you want to go in Hokkaido?
② 例 Will you tell me about your school life?〔Please tell me about your school life.〕

解 説

1 (1)省略を補い，代名詞を名詞に置きかえると，Of course our desks are for studying. ということ。
(2)筆者を驚かせた2つ目のこと。
(3)①「教室の掃除をする人」という意味の文にする。
②本文1，2行目に注目。
(4)①初日に驚いたことは何だったか。第2段落前半。
②第4段落に京都や東京などを見られるのがうれしいとある。
(5)①「どこ」とたずねるのは where。
② I would like you to ～を用いても可。

全文訳

私は2週間前に北海道に着いたわ。日本の私の学校はすばらしいのよ！ まだ日本語はうまく話せないけど，この学校でたくさんの生徒たちと友だちになったの。ここへ来る前に日本についての本を何冊か読んだの。でも，日本の学校生活についてのたくさんのことは私にとって新しいことなのよ。

例えば，この学校での最初の日の昼休みにおもしろいことが起こったの。4時間目が終わったあと，突然，クラスメートたちが教室で昼食を食べ始めたの！ そして彼らは自分の机にお弁当箱を置いたのよ！ 私はそれが信じられなかったわ。だから，友だちのしおりに「あなたたちの机は勉強するためのものではないの？」とたずねたの。彼女は少し驚いたように見えたけど，「もちろん，勉強するためのものよ。でも，私たちは昼食を食べるときにも使うわ。どうしてそんなことを聞くの？」と答えたの。

もう一つおもしろいことがその日の放課後に起こったの。授業を終えたあと，何人かの生徒たちが教室を掃除し始めたの。これにもまた私は驚いたわ。アメリ

カの私たちの学校には清掃を行う人たちがいるから，生徒や先生たちは掃除をする必要がないわよね。翌日，クラスメートたちといっしょに初めて教室の掃除をしたの。彼らと掃除をしたあと，気分がよかったわ。生徒が自分たちの使う場所を掃除するのはいいことだと思うわ。

最後に，来月，5日間の修学旅行があるの。私たちのアメリカの学校にはそんなに長い旅行はないから，あなたもこれに興味があるかもしれないわね。京都や東京や日本のそのほかの場所に行くので，私はとてもうれしいの。今，クラスメートたちと私はよく修学旅行について話しているわ。京都でどこを訪れるか計画を立てるのはおもしろいわ。有名な場所や古い日本の建物をいくつかこの目で見たいの。

日本とアメリカにはたくさんの違いがあると時々感じるわ。だから，日本での私の生活は毎日とてもわくわくするものなの。今度は修学旅行について話すわね。

> ⚠️ ここに注意　arrive in ～，arrive at ～
> ・比較的狭いと考えられる場所には at を用いる。
> He arrived at Sapporo Station.
> 「彼は札幌駅に着いた。」
> ・in は比較的広いと考えられる場所に用いる。
> I arrived in Hokkaido two hours ago.
> 「私は2時間前に北海道に着いた。」

📖 入試攻略 Points
対策
(1)彼女はとても幸せでした。
(2)彼女はとても幸せそうに見えました。
〈主語＋ look ＋形容詞〉は「主語は～(形容詞)のように見える」の意味。

11 時間目 手紙文

解答 (pp.24～25)

1 (1) ① leaves ④ sent
(2) エ
(3) father showed her some pictures of
(4) ⓐ have ⓑ time
(5) ⓐ foreign country ⓑ how to

解 説

1 (1)①複数形に。
④文脈に合わせて過去形にする。
(2)直前の内容「ほかの国の友だちとのコミュニケー

11

ションは完ぺきでなく時間がかかる<u>が</u>,」にうまく
つながる文を選ぶ。

(3)〈show ＋人＋もの〉で「人にものを見せる」とい
う意味。

(4)「楽しい時を過ごす」＝ have a good time

(5)ⓐグリーン先生は京子の手紙から，どこに住むこ
とが難しいと思っているか。

ⓑ「自分の問題を日本語で説明する<u>方法</u>がわからな
かった」という意味に。

全文訳

　私がイングランドに来て６週間たちました。親切な
手紙をくださってありがとうございます。先生からの
便りがあってうれしかったです。先生はここでの私の
生活についてたずねました。私は「とてもいいです！」
と言わなければなりません。私は美しい湖の近くの町
に滞在しています。この町の人々はとても親切で好意
的です。先月私は湖周辺の美しい木々を見て楽しみま
した。なぜなら木々の葉が色を変えたからです。今は
11月なので，木の葉は次々に落ちています。夜，私
たちは空に輝くたくさんの星を見ることができます。

　学校はとても古くて長い歴史があります。私は世界
の色々なところから来ている留学生たちといっしょに
英語の勉強をしています。私はただ一人の日本出身の
学生です。私は最初はそれほど話しませんでした。英
語を話すことは私にとって難しすぎると思ったからで
す。しかしほかの生徒たちはほんとうに話すことが好
きで，何とか英語を話そうとしました。彼らがただ目
を合わせ，にっこりして，話し始めたとき，私はとて
も驚きました。それで，私は毎日彼らに英語で話しか
けようとしました。まもなく外国から来た人々と話を
するのはわくわくすることだとわかりました。今，こ
こにたくさんの友だちがいてとても幸せです。私たち
のコミュニケーションは完ぺきではありませんし，た
いてい時間がかかりますが，毎日それを楽しんでいま
す。私は他人と話したり，彼らを理解することは大切
だと思います。

　私の友だちの一人であるニーナはスペイン出身です。
彼女のお父さんは日本に行ったことがあり，日本での
生活を彼女にしばしば話すので，彼女は日本に興味を
持っています。彼女はいつか日本を訪れたいと思って
いるので，日本についてたくさんの質問をします。こ
の前は歌舞伎について私にたずねました。彼女は俳優
と衣装について知りたがっていました。彼女のお父さ
んが彼女に歌舞伎の写真を見せたとき，彼女は歌舞伎
がとてもおもしろそうだと思いました。私は彼女の質
問にうまく答えられませんでした。なぜなら歌舞伎に
ついてあまり知らなかったからです。それで私は日本

にいる家族や何人かの先生，学校の友だちに電子メー
ルを送り，歌舞伎に関する情報を求めました。私は外
国の人々に歌舞伎を説明する方法を調べるためにイン
ターネットで検索もしました。１週間後，私はニーナ
の質問に答え，歌舞伎についてより多くのことを話し
ました。彼女はその情報に興味を持ってくれて，私は
それを分かち合えてうれしかったです。

　ここには日本に興味を持っている人もいて，私の国
と彼らの国との違いを聞きたいと思っています。人々
が私にする質問はそれほど難しいものではないと思い
ます。しかし，それらに答えようとするとき，すぐに
適切な言葉を見つけられないことがよくあります。だ
から，私にとって英語を勉強することは大切です。そ
して日本のことをたくさん学ぶことも，日本をよく知
ることも大切だと思います。私が外国で何かを言った
り，したりするとき，人々は私を通して日本や日本の
人々のことを学ぶということを覚えておかなければな
りません。

　先生はイングランドを訪れるつもりですか。私は友
だちのクミから手紙をもらい，彼女は先生がそのこと
を授業で話してくれたと言っていました。先生がここ
に来て会えたらいいなと思います。私たちは一緒に楽
しい時を過ごすことができると思います。先生がいつ
訪れるか知りたいです。そして最近では何をしていま
すか。早く手紙をくださいね。

> **❶ここに注意** **手紙文に特有の表現を覚えておこ
> う。**
> Thank you for 〜 .「〜をありがとう。」
> I hope you will 〜 .「あなたが〜だといいと思う。」
> Please write to me soon.「早く手紙をください。」
> Dear 〜「〜様」（書き出し）
> Best wishes「ご多幸を祈ります」（結び文句）

📖 入試攻略 Points

対策

(1)(Do you know) **how to** (use the computer?)

(2)(I learned) **what to** (do as a doctor.)

〈how ＋ to 〜〉＝「〜のしかた，どのように〜す
べきか」〈what ＋ to 〜〉＝「何を〜すればよいか，
何を〜すべきか」

ほかの〈疑問詞＋ to 〜〉の形も覚えておこう。

〈when ＋ to 〜〉＝「いつ〜すればよいか」

〈where ＋ to 〜〉＝「どこへ〔で〕〜すればよいか」

など。

解答（pp.26〜27）

1 (1)①イ　②ウ
　 (2) A ウ　B イ　C ア　D エ
　 (3) 例 go to the library

解説

1 (1)①第1段落の4文目に「私はオーストラリアで
インドの人たちと一緒に過ごした」とあることから，
イが正解。
②最終段落の最終文で「これからも移民について調
べていきたい」と言っていることから，ウが正解。
(2)第3段落の8文目で「アメリカ合衆国には1万人
以上の移民が住んでいた」とあることから，グラフ
が1万人以上を表している A がアメリカ合衆国であ
る。第3段落の最終文で「これらの3つの国のあと
にブラジルが来る」と言っているため，ブラジルは
D。第3段落の7文目で「オーストラリアには多く
の移民が住んでいたが，カナダにはもっと多くの移
民が住んでいた」と述べられているため，B がカナ
ダ，C がオーストラリアである。
(3)空所の直前のエレンの質問は「（移民の）情報を得
るために何をするつもりですか」である。この答え
になる英語を書く。will に続けて書くよう指示され
ているため，動詞の原形から書くよう注意すること。

① ここに注意　the number of と a number of
the number of the students「生徒の数」
the number of 〜は「〜の数」という意味。
a number of students「たくさんの生徒」
a number of 〜は「たくさんの〜」という意味で，
many や a lot of でも言い換えることができる。
the か a の違いだけで，意味が大きく違ってしま
うので注意しよう。

全文訳
　私はオーストラリアでホームステイをしました。
私はホストファミリーの家に滞在しました。私のホス
トファーザーとホストマザーはインドからの移民でし
た。私はオーストラリアでインド出身の人たちと一緒
に過ごしたのです！　おもしろかったです。ホストマ
ザーは「オーストラリアにはいろいろな国から来たた
くさんの移民がいるのよ。」と言っていました。
　和歌山に帰ってきて，私は家族にオーストラリアの
移民の話をしました。父は「いい経験をしたね。実は，
今から100年ほど前，和歌山からの多くの移民が外国
で働いていたんだよ。彼らはまた，外国の文化を和歌

山に伝えてくれたんだ。いくつかの場所で西洋式の家
を見ることができるよ。」と言いました。私は，和歌
山からの移民についてもっと知りたいと思いました。
そこで，私は彼らについて調べました。
　まず，和歌山から外国へ移住した人の数がわかりま
した。それからそれらについてグラフにしました。移
民はたくさんの国に行きました。このグラフを見てく
ださい。これは，1927年に外国に住んでいた人々の
数を示しています。グラフ上の国は，和歌山からの移
民の上位4か国です。オーストラリアには多くの人々
が住んでいましたが，カナダにはもっと多くの人々が
住んでいました。アメリカ合衆国には1万人以上の
人々が住んでいました。この3つの国のあとにブラジ
ルが来ます。
　和歌山からの移民について調べるのはとても面白い
です。まだまだ知りたいことがたくさんあります。
例えば，彼らの外国での仕事について知りたいです。
これからも移民について調べていきます。

入試攻略 Points
対策
(1) **Look at** (the man over there.)
→ look at 〜「〜を見る」
(2) **More than** (a year has passed.)
→ more than 〜「〜より多い」
正確には〜の部分は含まないが，意味をとる上で
差し支えない場合は「〜以上」と訳すことが多い。

解答（pp.28〜29）

1 (1) エ
　 (2) 例 ロンドンに引っ越すこと。
　 (3) イ
　 (4) ⓐ Emily　ⓑ Lisa　ⓒ Mary
　 (5) 例 人々を幸せにする

解説

1 (1) take care of 〜 =「〜の世話をする」
(2)下線部は「悲しい知らせ」の意味。リサがメアリー
の家に走っていき，伝えた内容に書かれている。
(3)リサの悩みが，仕事が忙しく娘のエミリーと過ご
す時間がないことから考える。
(4)ⓐリサが絵本を読んであげる相手。
ⓑ絵本には親友に捧げると書かれている。絵本作家
がだれであるかを読み取る。
ⓒ20年前の雨の日，リサにやさしい言葉をかけて

くれた人。

(5)絵本からの引用部分の3，4行目に理由が述べられている。

全文訳

メアリーは絵本作家でした。彼女は一人暮らしで，生活は質素でした。毎朝仕事をし，午後は庭の花の世話をしました。そこにはたくさんの美しい花が咲いていました。

ある雨の日，メアリーは庭の前に立っている一人の少女に出会いました。メアリーは少女にほほえみかけ，「花が好きなの？　あなたの名前は？」とたずねました。

「私の名前はリサです。花が好きです。」とリサは答えました。メアリーは「あなたに会えてうれしいわ。」と言いました。彼女らは花のことを話しました。すばらしい午後を過ごしました。「リサ，また来ていいのよ。私たちはいい友達になれると思うわ。」とメアリーが言いました。

その日のあと，リサはメアリーの庭によくやって来て，メアリーと話をしました。メアリーはリサの両親がとても忙しくて，リサが日中は彼らに会えないことを知っていました。リサは孤独を感じたとき，たいてい放課後にメアリーの庭に来て花をながめました。リサとメアリーはたくさんのことを話しました。彼女らはいい友達になりましたが，1年後リサは悲しい知らせを聞きました。彼女はメアリーの家に走っていって，「私の家族はロンドンに引っ越すの。私はこの村を離れたくないわ。」と言いました。彼女らは何も言わずにお互いに抱き合いました。

20年後，ロンドンにて

リサは看護師として働いており，彼女の夫のトムはタクシー運転手として働いていました。彼らにはエミリーという娘がいました。リサは病気の人々を助けたいと思いました。彼女は病院ですることがあまりにもたくさんあり，いつも一生懸命に働いたので，とても疲れていました。

彼女は自分の仕事と娘のことを悩んでいました。もっとエミリーといっしょにいたかったのですが，十分な時間がありませんでした。彼女はエミリーがあまりにも寂しすぎると思いました。

リサはとても忙しかったので，不幸せに感じ始め，希望をなくすようになりました。彼女は心の中で思いました。「私はいい看護師になれるかしら？　私はエミリーにとっていい母親かしら？　これっていい人生なの？」

ある日エミリーがリサに言いました。「ママ，店ですてきな絵本を見つけたの。絵がとてもすばらしかったわ。あの本が欲しいわ。」たいていエミリーはリサ

に何かを買うように頼んだりしなかったので，リサは次の土曜日にエミリーのためにそれを買ってあげました。

その晩，リサはエミリーにその絵本を読んであげました。それは少女と女の人との間の温かい話で，その本にはたくさんの美しい花の絵が載っていました。あるページで少女は庭で女の人と話をしました。

「あなたは何になりたいの？」と女の人はたずねました。「わからないわ，でも花のようになりたいわ。花は人々にいつも希望を与えてくれるし，花は人々をより幸せにするの。」と少女は答えました。

リサはこのページの絵を見たとき，突然思い出しました。「これはメアリーの庭だわ。」20年前彼女らは庭で同じことを言ったのでした。リサは最初のページを見てそこに作家の言葉を見つけました。「この本は私の親友のリサに捧げます。」そのときリサはあの雨の日にメアリーがリサに言ったそれらのやさしい言葉を思い出しました。

少しあとでリサは「私は花のようになろう。私のまわりにいる人々に希望を与えることのできる人になろう。」と心の中で思いました。リサはエミリーを抱きしめ，そのときエミリーはリサにほほえみ返しました。

> **！ここに注意**　〈feel＋形容詞〉は「〜の感じがする」の意味。
> feel alone「孤独を感じる」，feel unhappy「不幸せに感じる」などのように feel は感覚を表す動詞。登場人物の心情がつかめる。

📖 入試攻略 Points

対策

(1)(The song) **made her** (happy.)
(2)(I'll) **call** (you Ken.)

「〜を…にする」＝ make 〜 …
「〜を…と呼ぶ」＝ call 〜 …

第5文型は〈目的語＝補語〉の関係が成り立つ

The song made　her　happy.
　主語　動詞 目的語 補語

---

14 時間目　一枚の絵

解答（pp.30〜31）

1 (1) **pictures**
(2) ①ウ　②イ　③イ
(3) エ

1 (1) That is a wonderful thing. の that は前の文にある my pictures can make people happy「私の絵は人々を幸せにできる」ということをさしている。したがって，問題の文を同じ意味のようにするには，It is a wonderful thing to be able to make people happy(人々を幸せにできることはすばらしいこと) through my pictures.(私の絵をとおして)とする。

(2)① 「グレッグが鉛筆で絵を描いていたとき，フォスターさんは手にエドワードの写真を持っていた。」という文にする。第1段落の最後に Please hold that photo in your hand and look at me. とフォスターさんに指示をしてグレッグが鉛筆で絵を描き始める場面がある。写真がなぜエドワードなのかは，第1段落の真ん中のフォスターさんの This is my grandson, Edward. という言葉からわかる。

② 「グレッグは『ぼくはもし持っている最後の絵の具をフォスターさんのために使えば，コンテストをあきらめなければならないだろう。』と思った。」という文にする。第1段落の最初に he didn't have much paint. ... last paint he had. とあり，絵の具が残り少なく大切だというのがわかる。また，第2段落でグレッグは I'll add color to this picture. ... If I do that, I will have to give up the contest. と思っている。

③ 「ショーウィンドーの中のものはフォスターさんとエドワードの絵だった。」という文にする。ショーウィンドーの中のものは，最後の段落に It was his picture. とある。彼の絵とは公園で描いたフォスターさんとエドワード。

(3)ア 「グレッグが公園でフォスターさんと会ってこんにちはと言ったとき，彼女は彼の名前を知っていた。」第1段落参照。お互い名前を名乗っているので合っていない。

イ 「フォスターさんはグレッグの絵を見て，腕の中にエドワードを感じることができないと言った。」第2段落参照。グレッグの絵で彼女は自身のひざの上にエドワードを感じることができると言っているので合っていない。

ウ 「グレッグは1日でフォスターさんの絵を仕上げて，彼女にあげた。」第2段落後半から第3段落参照。Will you meet me here again next Sunday? ...and gave it to her. とあるので合っていない。

エ 「グレッグはコンテストをあきらめなければならなかったが，翌年挑戦することにした。」最後の段落の終わりの内容と一致。

注意 「たくさんの～」という意味の many, much, a lot of の使い分け。

many は数えられる名詞の前に使う。
much は数えられない名詞の前に使う。
a lot of はどちらでも使える。

!ここに注意 **時制の一致**

直接話法だと話した言葉をそのまま使う。
Emi said "I will go to the library after school."
間接話法だと次のように時制を同じにする。
Emi said she would go to the library after school.

全文訳

　グレッグは14歳で，絵を描くことが好きでした。彼は彼の家の近くの公園へ，毎週日曜日に絵を描きに行きました。彼はたくさんの絵の具を持っていなかったので，特別な絵だけに色を加えました。ある日曜日，彼はコンテストのための絵を描き終えるために公園に行きました。彼は持っている最後の絵の具を使うことを決めました。「ぼくはコンテストに間に合うように今日，これを(描き)終えなくてはいけない。」と彼は思いました。公園で彼は1人の年老いた女性に目がとまりました。彼女はベンチに座り，写真を見ていました。彼は「前にもあそこで彼女を見たことがあるなあ。」と思いました。それから彼は「こんにちは。」と言いました。彼女は「こんにちは，まあ，あなたは時々ここで絵を描いているわね。」と言いました。彼は彼女ともっと話したくて，「ぼくの名前はグレッグ・ミラーです。あなたは写真を見ていましたね。」と言いました。彼女は「ええ。私の名前はカレン・フォスター。これは私の孫息子のエドワード。彼は別の国に住んでいるのよ。」と言いました。彼女は彼にその写真を見せて，「彼の両親が私にこれを送ってくれたの。私は彼にたった一回しか会ったことがないの。それは3年前だったわ。また会いたいわ。」と言いました。グレッグは彼女のために何かしてあげたいと思い，言いました。「私があなたとエドワードの絵を描きましょう。」彼女は「あなたはやさしいのね。」と言いました。彼は「あなたはそこでずっと座っていていいですよ。手に写真を持ってぼくを見てください。」と言いました。彼は彼女の近くに座り，鉛筆で絵を描き始めました。

　フォスターさんは「私は写真スタジオを持っているの。エドワードが生まれたとき，私は2週間そこを閉めて，彼に会いに行ったのよ。私は彼の写真をたくさん撮ったわ。今，私は彼の写真を撮ることも，腕の中で彼を感じることもできないの。」と言いました。グレッグは絵を描き終え，その絵を彼女に見せました。「まあ！これは心温まる絵だわ！とっても気に入ったわ。」と彼女は言いました。その絵の中では，エドワードが彼女のひざの上に座っていました。彼女は「私は

ひざの上にエドワードを感じることができるわ。本当に幸せよ。」と言いました。彼は「ぼくは絵を描くことが好きだから，絵を描いている。そしてぼくの絵は人々を幸せにできるんだ。それはすばらしいことだ。ぼくはこの絵に色を加えよう。彼女はもっと幸せになるだろう。」と思いました。しかし，彼はすぐに思いました。「もしそうすれば，ぼくはコンテストをあきらめなければならないだろう。」と。彼が彼女のほほ笑みを見たとき，何をすべきかわかりました。彼は「ぼくはこれに色を加えようと思います。だんだん暗くなってきていますし，2，3時間かかるでしょう。来週の日曜日，またここでぼくに会っていただけますか？」と言いました。彼女は「はい」と言いました。

次の日曜日，グレッグはフォスターさんに公園で再び会いました。彼はそこで絵に色を加え終えて，彼女にそれをあげました。彼女は「ありがとう，グレッグ。私は本当にこの絵が気に入りました。この絵は私を幸せにしてくれるわ。どうか人々を幸せにする絵を描き続けてね。あなたにはそれができるわ。」と言いました。それから彼女は彼に何かをあげました。彼は驚きながらそれを開けました。それは1箱の絵の具でした。彼は「ありがとうございます，フォスターさん。ぼくは決してあなたの言葉を忘れません。やってみます。」と言いました。

数週間後，グレッグが外出したとき，彼はある写真スタジオの前で数人の人だかりを見ました。彼らはそのショーウィンドーの中の何かを見ていました。彼がそのスタジオに近づいてその名前を見たとき，彼がそれがフォスターさんのもの〔写真館〕だと知りました。ある1人の老人が彼に「この絵は私を幸せにするよ。私は孫息子を思い出すよ。」と言いました。グレッグはそこにある絵を見て，驚きました。それは彼の絵でした。それはテーブルの上にあり，そのそばにメッセージがありました。彼はそのメッセージを読んで，うれしくなりました。それは「私は孫息子と一緒で幸せ。」というものでした。彼が家に帰ったとき，彼は机の上のフォスターさんからの絵の具の箱を見ました。彼はその絵の具の箱を手にとって，公園での彼女の言葉を思い出しました。彼は「ぼくはあの時コンテストをあきらめたけど，ぼくは彼女からすばらしいことを学んだ。来年はコンテストに挑戦しよう。」と思いました。

📖 入試攻略Points
対策

(1)(She) **keeps cleaning** (her room.)
→ keep ～ing「～し続ける」
(2)(I) **enjoy playing** (the piano.)
→ enjoy ～ing「～することを楽しむ」

15時間目 ホープ・ソープ・プロジェクト

解答（pp.32〜33）

1 (1)**ア**
(2)**ウ**
(3)**easy**
(4)**エ**
(5)**例1** I can help old people when they get off a bus.
例2 I can send my school bag I used in elementary school to children in other countries.
(6)① **was started, 2013**
② **No, they didn't**
③ **making the soap bars**

解　説

1 (1)空所①が入っている文を日本語にすると「その子どもたちは，たくさんのゴミのそばで生活しており，手を洗う ① もなかった」になる。この文脈に合うのは**ア**「習慣」である。
(2)「ホープ・ソープ・プロジェクト」の具体的な内容は第3段落全体に書かれている。「透明な固形石けんの中に小さなおもちゃや人形が入っており，手洗いをすればするほど石けんが小さくなり，中のおもちゃが出てくる」という子どもが手を洗いたくなる工夫がされたものである。**ウ**が正解。
(3)空所③の直前が an になっていることに注目すると，母音から始まる語がくる。また，and が結んでいるものが important なので，空所には形容詞が入る。第2段落第1文にある easy を抜き出す。
(4)下線部④は，「このプロジェクトは，いい意味で人々を変えた」という意味。このプロジェクトというのはつまり「ホープ・ソープ・プロジェクト」のことで，子どもに手を洗う習慣をつけさせるためのものであることは先述してある。これに加え，第4段落ではこのプロジェクトで高齢者が固形石けんを作りお金を得る機会ができたとの記述があることから，**エ**が正解。
(6)①「ホープ・ソープ・プロジェクトが WHO によって始められたのはいつですか。」第1段落2文目参照。ホープ・ソープ・プロジェクトが始められたのは2013年である。
②「ホープ・ソープ・プロジェクトが始まる前，南アフリカの最も貧しい地域の子どもたちはよく手洗いをしていましたか。」第1段落5文目参照。

③「ホープ・ソープ・プロジェクトから２年後に何人かの高齢者は何を始めましたか。」第４段落２文目参照。

全文訳

みなさんは「ホープ・ソープ」について今まで聞いたことはありますか。これは、WHO が 2013 年に始めたプロジェクトの名前です。南アフリカの最も貧しい地区の子どもたちに透明な固形石けんを配ったのです。そこに住む子どもたちは、コレラや下痢などの病気に苦しんでいました。その子どもたちは、たくさんのゴミのそばで生活しており、手を洗う習慣もありませんでした。当時は、これらの感染症で多くの人が亡くなっていました。

このプロジェクトが始まる前、WHO はこの問題を解決するための良い、かつ簡単な方法を見つけようとしていました。薬や食料は、問題解決のための最大の要因ではありませんでした。薬や食料よりも、手洗いがより大切だということがわかっていたのです。また、子どもたちが普通のタイプの石けんを使わないこともわかっていました。そして、彼らはついに解決策を見つけました。それが、「ホープ・ソープ」プロジェクトです。

固形石けんの中には、小さなおもちゃやキャラクターの人形が入っていました。石けんは透明なので、子どもたちはおもちゃや人形を見ることができました。石けんの中のおもちゃを手に入れるためには、子どもたちは何度も手を洗わなければなりませんでした。そのため、子どもたちは毎日何度も手を洗いました。また、顔や体も洗うようになりました。WHO の発表によると、その子どもたちの感染症の発生率が大幅に下がったとのことでした。手洗いは簡単で大切なことですが、このプロジェクトが始まる前は、その子どもたちはまったく手洗いをしていませんでした。今では、おもちゃや人形で楽しく遊びながら、手を洗うことがとても大切だということを学びました。

「ホープ・ソープ」は、人々にもうひとつの希望を与えました。２年後、非営利組織の協力を得て、何人かの高齢者が固形石けんを作り始めました。固形石けん１個につき、約１ドルが非営利組織に寄付されます。彼らはお金を稼ぐ機会を得たのです。また、彼らは他の人のために何かをすることに喜びを感じています。

このプロジェクトは、いい意味で人々を変えました。違った見方から問題について考えると、解決策が見つかるのです。小さなアイデアが問題の解決策になることもあります。小さなことが、あなたの日常生活をより良いものにするかもしれません。あなたの周りには助けを必要としている人がたくさんいます。あなたは日常生活の中で彼らのために何ができるでしょうか。

📖 入試攻略 Points
対策

(1)(Mt. Everest is) **the highest mountain** (in the world.)
(2)(He was sad) **to hear** (the news.)
(1)最上級は、形容詞（副詞）に est をつけて、〈the ＋最上級〉で表す。副詞の場合は the を省略できることもある。
(2)感情の原因を表す不定詞の副詞的用法。

総仕上げテスト ①

解答 (pp.34〜36)

1 (1)(A) **called** 　(B) **collecting**
　(2) **long**
　(3) **Supporting those countries can make the lives in the countries (better.)**
　(4)(ア) **needed** 　(イ) **lives**
　(5) **ウ**

2 (1)ⓐ **ア** 　ⓑ **エ**
　(2) **falling from the sky look**
　(3) A **イ** 　B **エ** 　C **ア**
　(4)例 **I want to know more about the festival.**
　(5) **ウ**

解　説

1 (1)(A)前の文の流れから、「それらの国々は発展途上国と呼ばれる。」となるので受け身の文。call の過去分詞 called が入る。
　(B)この by は前置詞で「〜によって」という意味な

ので次の語は動名詞が入る。「それらのはがきを集めることによって」という表現にする。collect を collecting とする。

(2)空欄の前の文に注目する。「彼らの家で水を得ることができない」ので,「長時間」歩いて水をくみに行くということがわかる。

(3)「それらの国々を支援すること」が主語なので Supporting の動名詞から始める。「生活をより良くする」は〈make ＋ A ＋形容詞〉「Aを～にする」の表現を使う。ここではAは the lives,形容詞は「より良く」の意味の better となる。

(4)第3段落の2文目に着目する。(ア)の needed は過去分詞形で food を修飾している。
A：日本は発展途上国から何を買いますか。
B：日本は私たちの産業に使われる天然資源や<u>私たちの生活に必要な食料</u>を買います。

(5)ア「発展途上国の人々は食料や衣服を得ることもできるし,私たちのように列車やバスに乗ることができる。」第1段落の内容と合わない。
イ「病院へ赤ちゃんを連れて行くことは発展途上国の人々にとってはたやすいことだ。」第2段落の内容と合わない。
ウ「多くの日本人がボランティアとして働くために発展途上国に行く。」第4段落の内容と一致。
エ「もしあなたがはがきを書き損じたら,あなたはすぐにそれを捨てるべきです。」第5段落の内容と合わない。

全文訳
日本において,私たちはいつでも食料,水そして衣服を手に入れることができます。そして学校や病院に行くのに電車やバスに乗ることができます。私たちはこれらのことをすることが当然だと考えています。しかし多くのほかの国々の人々は私たちのようにこれらのことをすることができません。約150の国々では産業や技術がおくれています。そしてそれらの国々の人々は毎日たった100円か200円ぐらいで生活しなければなりません。それらの国々は発展途上国と呼ばれていて,世界の約80%の人々がそこで生活しています。

発展途上国にはたくさんの問題があります。その国々のある地域の人々は家で水を得ることができず,長時間かけて水を得るために歩かなくてはなりません。彼らの家の近くに病院がないので,多くの赤ちゃんが亡くなっています。そしてたくさんの人々が学校に行けず,読み書きができません。だから彼らは職を得ようとするときに,とても不利なのです。

日本は多くの製品や技術を発展途上国に売ります。それらの国々から日本は私たちの産業のために使われる天然資源や私たちの生活に必要とされる食べ物を買います。だから発展途上国と日本は重要なパートナーなのです。それらの国々を支援することは,その国々の生活をより良くすることができます。そしてそのことは日本の産業や生活にとっても良いのです。

日本は発展途上国を支援するためにたくさんのお金を費やし,そこで働くためのたくさんのボランティアを送っています。パートナーとしてそれらの国々のためにこれらのことをすることは日本にとって大切です。そして私たちができることについて考えることは私たちにとっても重要なのです。

私たち各々が発展途上国を支援するためにできることはたくさんあります。ひとつ例を挙げましょう。もしあなたがはがきを書き損じたら,どうしますか？それを捨てないでください。それはまだ役に立ちます。いくつかの団体は発展途上国のためのいくらかのお金を得るために,それらのはがきを集めることによって,ボランティア活動をしています。ある発展途上国では,1人の子どもが280枚のこのようなはがきで1年間,学校に通うことができるのです。あなたは日本で発展途上国を支援するのは難しいと思っているかもしれません。しかし人々が彼らのためにできる活動はたくさんあるのです。

2 (1)ⓐ聞き返す言葉。
ⓑ「どうして桜の木がワシントン市にあるのか」という問い。Because 以下でその理由を答えている。
(2)現在分詞 falling があるので,進行形か形容詞の働きをする分詞。be 動詞がないのでここでは後者。falling from the sky が Cherry blossoms を後ろから修飾する。
(3)A 前後で話題が変わっている。
B 何かを思い出そうとするときのつなぎの言葉。
C 日本のものをいくつか例にあげている。
(4)「お祭りについてもっと知りたい」などと表現する。「～したい」は want to ～で表す。
(5)実際にお祭りに参加すれば楽しさが実感できるという内容。

全文訳
トム：おお,すばらしいな。たくさんの桜の花がぼくたちに降りかかってくる。
由紀：わあ！　これはとても美しい花ふぶきね。
トム：何て言ったの？　花,何？　花が blossom という意味なのは知っているよ。
由紀：ふぶきと言ったのよ。ふぶきは「風の中の雪」よ。空から降ってくる桜の花が風の中の雪のように見えるので,私たちはそれを花ふぶきと呼ぶの。

トム：ああ，なるほど。新しい日本語を習ったよ。あ
　　　りがとう，由紀。
由紀：どういたしまして。ええと，ところで桜の花を
　　　見るのはこれが初めて？
トム：いや。ワシントン市で見たことがあるんだ。そ
　　　こにはたくさんの桜の木があるんだよ。
由紀：ほんとうに？　どうして桜の木がワシントン市
　　　にあるの？
トム：東京がワシントン市に約3,000本の桜の木を送っ
　　　てくれたからだよ。えっと，そうだな…1912年だっ
　　　たと思うよ。それらの桜の木は日本とアメリカとの
　　　友好のしるしだったんだ。
由紀：知らなかったわ。
トム：数年後にワシントン市で桜祭りが始まったんだ
　　　よ。ぼくが子どものとき，両親が毎年春にその祭り
　　　に連れていってくれたんだ。
由紀：そうなの。そのお祭りのことをもっと知りたい
　　　わ。
トム：いいよ。その祭りは2週間やってるんだ。たく
　　　さんの人々がその祭りを訪れて，美しい桜の花とた
　　　くさんの祭りの催しを楽しむんだ。
由紀：日本に関する催しも何かあるの？
トム：ああ，あるよ。日本から来た人々がぼくたちに
　　　日本の古いものや新しいものを見せてくれるんだ。
　　　例えば，着物や生け花，テレビゲームなんかをね。
　　　ぼくたちは日本の文化を知ることができるんだ。
由紀：それはすてきね。そのお祭りはおもしろそうだ
　　　わ。
トム：ほんとうにそうだよ。もしきみがワシントン市
　　　を訪れて，その祭りに参加したら，きっと信じるよ。

総仕上げテスト ②

解答（pp.37〜39）

1　(1)**ウ**
　　(2)①**ウ**　②**イ**
　　(3)**エ**
　　(4)**ア**
2　(1)**ア**
　　(2)⑨船が橋の下を通るとき，帆が橋に当
　　　　たるから。
　　(3)**イ**
　　(4)**エ**

1　(1)第3段落3文目には「1963年も2013年も食料
自給率が最も高いのはカナダ」とあり，また同段落
4文目には「1963年を見るとアメリカの食料自給
率はフランスより高いが，2013年にはフランスと
アメリカの食料自給率はほぼ同じ」とある。このこ
とから，Cに入るのはフランスであることがわかる。
(2)①第4段落最終文参照。博は今度，スーパーに
行ったら，品物がどこの国からのものか調べてみる
のはどうかと提案している。
②第3段落5文目参照。4か国の中で日本の食料自
給率だけが1963年から2013年にかけて低くなって
いる。
(3)本文中で，お好み焼き自体は日本の食べ物である
が，材料の産地を見てみるといろいろな国から輸入
されていることが述べられている。これを踏まえる
と，お好み焼きは international food「国際的な食べ
物」とも言えるため，正解は**エ**である。
(4)**ア**「博は日本はいろいろな国から豚肉とエビを輸
入していることを知った。」第2段落最終文「豚肉
やエビがこんなにたくさんの国から輸入されている
ことに驚いた」に合致。
イ「博が『食料自給率』について習ったのは彼の母
親からである。」博が食料自給率について習ったの
は学校であると第1段落最終文で述べられているた
め，不一致。
ウ「右のグラフは私たちが輸入しているエビの約半
分はベトナムから来ていることを示している。」右
のグラフを見ると，ベトナムから輸入しているエビ
は全体の19.5%にすぎないため，不一致。
エ「表は4つの国が輸入している豚肉とエビの割合
を示している。」第3段落2文目の「これ(表)は，
1963年と2013年の4つの国の食料自給率を表した
ものである」という記述と不一致。

全文訳

　先週，母と一緒にお好み焼きを作りました。作って
いる間，母が「お好み焼きは日本の食べ物だと思う？」
と聞いてきました。ぼくは「もちろん！」と答えまし
た。すると母は，「その通りだけど，材料の中には他
の国から来たものもあるの。例えば，今使っている豚
肉やエビは海外から輸入されたものなの。私たちは多
くの食材を海外に依存しているのよ。」と言いました。
そこで思い出したのが，「食料自給率」という言葉で
す。ぼくは学校で日本の食料自給率は半分以下だと習
いました。
　それでは，私たちが食べているものはどこから来て
いるのでしょうか。まず2つのグラフを見てください。

これらの国から豚肉やエビを輸入していることがわかります。左のグラフは，豚肉の約半分がアメリカとカナダから輸入されていることを示しています。右のグラフを見ると，エビはアジアのいくつかの国から来ていることがわかります。豚肉やエビがこんなにたくさんの国から輸入されていることに驚きました。

さて，表を見てください。これは，1963年と2013年の4つの国の食料自給率を表したものです。1963年も2013年も，カナダの食料自給率が一番高いことがわかります。また，2013年はフランスとアメリカの食料自給率はほぼ同じですが，1963年はアメリカの方がフランスよりも高いです。1963年と2013年の食料自給率を比較すると，日本の食料自給率だけが1963年から2013年にかけて低くなっています。表は，日本が2013年に約60％の食料を外国から輸入していることを示しています。食料を輸入できなくなると，大変なことになるかもしれません。

ぼくはお好み焼きは「日本」の食べ物だと思っていました。でも，「国際的な」食べ物とも言うことができます。他にも輸入しているものはたくさんあると思います。だから，今度スーパーに行ったら，品物がどこの国からのものか調べてみるのはどうでしょうか。

2 (1)**ア**「作った」，**イ**「住んだ」，**ウ**「去った」，**エ**「行った」文法的な観点から考えると，すぐ後ろに目的語が来るのは**ア**と**ウ**のみ。そして文脈から考えると，多くの人は川沿いに集まりロンドンのような街を〔作った〕と考えるのが自然なので，正解は**ア**。
(2)下線部の訳は「川にかかる橋がごくわずかとなった」。下線部の前に So（そのため）という接続詞があることに注目。このことから，直前の文 When ships went under the bridges, the sails hit the bridges. が理由となる文であるとわかる。
(3)この文の意味は「このような丈夫なトンネルができて，人々はとても喜んだ。」。トンネルの強さが書かれている文の直後に来ることが最適であるため，**イ**が正解。
(4)**ア**「ロンドン橋の歌は世界中で有名である。」，**イ**「ロンドンの人々にとって，川の反対側に行くのは大変なことだった。」，**ウ**「フナクイムシと呼ばれる小さな生き物は船の木材を食べるのが好きだ。」，**エ**「小さな生き物から得たアイデアが世界のトンネルを改良してきた。」文章全体のまとめにあたる第4段落にフナクイムシが強いトンネルを作るアイデアをくれたと述べられているため，**エ**が正解。

全文訳
『ロンドン橋落ちた』は，何度も落ちてしまった橋

についての有名な歌です。この橋は，ロンドンを流れる大きな川に架けられていました。19世紀，この川は船で物を輸送するのにとても便利でした。毎日，川には帆を張った大きな船がたくさん行き交っていました。多くの人々が川沿いに集まり，ロンドンのような街を作りました。

1つ問題がありました。船が橋の下を通るとき，帆が橋にぶつかってしまうのです。そのため，川にかかる橋がごくわずかとなってしまいました。人々は簡単に川の反対側に行くことができなくなってしまいました。そこで，川の下にトンネルを作ることを思いついた人たちがいました。彼らは，「シールド工法」を使ってそのトンネルを作りました。この方法を使えば，トンネルは内側から「シールド」とよばれる筒で支えられるため，より強固なトンネルを作ることができたのです。トンネルの中に水が入ってこないので，簡単には壊れませんでした。このような丈夫なトンネルができて，人々はとても喜びました。

このトンネルの作り方を人々はどうやって見つけたのでしょうか？彼らは，小さな生き物が木材に穴を開ける方法から見つけたのです。当時，船は木でできていました。フナクイムシという生き物が，船の木材を食べて穴を開けました。フナクイムシは木材を食べるときに，体から出た特殊な液体を穴の壁に塗ります。この液体が硬くなると，穴が丈夫になるのです。このようにして，人はトンネルを丈夫にする方法を見つけたのです。

現在，世界中の海底や山にたくさんのトンネルがあります。丈夫なトンネルを作るアイデアを，小さな生き物が教えてくれました。小さなものをよく見ると，そこから素晴らしいアイデアが生まれるかもしれません。そうすることで，より良いものを作ることができるのです。